群星闪耀时
这个时代的足坛传奇

范佩西传

RVP: THE BIOGRAPHY OF ROBIN VAN PERSIE

[英] 安迪·劳埃德-威提阿姆斯 著
秦维奇 张汇康 周子杰 译

新世界出版社
NEW WORLD PRESS

图书在版编目（CIP）数据

范佩西传 /（英）安迪·劳埃德-威提阿姆斯著；秦维奇，张汇康，周子杰译. -- 北京：新世界出版社，2016.7
（群星闪耀时：这个时代的足坛传奇）
ISBN 978-7-5104-5862-0

Ⅰ. ①范… Ⅱ. ①安… ②秦… ③张… ④周… Ⅲ. ①范佩西，P.V. —传记 Ⅳ. ① K835.635.47

中国版本图书馆CIP数据核字（2016）第 151052 号

范佩西传

选题策划：蒋　祥　邓东文　陈中捷
作　　者：［英］安迪·劳埃德-威提阿姆斯
译　　者：秦维奇　张汇康　周子杰
责任编辑：丁　鼎
责任校对：宣　慧
责任印制：李一鸣　高　金
出版发行：新世界出版社
社　址：北京西城区百万庄大街 24 号（100037）
发行部：（010）6899 5968　（010）6899 8705（传真）
总编室：（010）6899 5424　（010）6832 6679（传真）
http://www.nwp.cn
http://www.nwp.com.cn
版权部：+8610 6899 6306
版权部电子信箱：nwpcd@sina.com
印　刷：北京旭丰源印刷技术有限公司
经　销：新华书店
开　本：710mm × 1000mm　1/16
字　数：230 千字　印张：15.25
版　次：2016 年 7 月第 1 版　2016 年 7 月第 1 次印刷
书　号：ISBN 978-7-5104-5862-0
定　价：49.80 元

004年10月16日，在英超第9轮的一场比赛中，阿森纳主场3：1力克阿斯顿维拉

STAD ROTTERDAM
VERZEKERINGEN
STAD ROTTERDAM
VERZEKERINGEN
STAD ROTTERDAM
VERZEKERINGEN
STAD ROTTERDAM
VERZEKERINGEN

费耶诺德时期的范佩西（后排右二）

2004年8月，在卡迪夫的千禧球场，阿森纳在慈善盾杯的比赛中3：1战胜曼联，范佩西上演了正式比赛处子秀

2004年10月28日，英超第15轮，阿森纳对阵利物浦的精彩瞬间

也现在变得更加稳定和强壮，他已经准备好担任阿森纳和荷兰国家队的领袖。

——范布隆克霍斯特

2005年5月2日，英超第36轮，阿森纳凭借范佩西的进球，巩固了自己在积分榜上的位置

佩西成熟的身躯里还住着一个容易头脑发热的男孩，在球队落后的情况下他冲撞了对方门将
伦森，被裁判红牌罚下

2005年5月21日，在卡迪夫的千禧球场举行的足总杯决赛中，阿森纳赢得了这场比赛的胜利

利曾说，“范佩西有潜力成为英超历史上最优秀的球员之一”，最终他没有让人失望

2006年5月15日，欧洲冠军联赛决赛前，阿森纳轻松备战

将范佩西从鹿特丹解救出来的时候，枪手就清楚自己得到了什么——一颗尚需打磨的钻石，
后可以镶嵌在皇冠上

击败查尔顿的比赛中，范佩西打进了一粒惊世骇俗的抽射，并与球迷一起庆祝

阿森纳主场对利物浦的比赛中，范佩西的精彩进球被BBC评为当月英超最佳进球

我会证明给你看，谁才是最强大的。——范佩西

]森纳球员本特纳被范佩西替换下场

为一个饱受伤病折磨的男人，命途多舛的范佩西如果想取得成功，必须展示其真正的勇气和
心

2008年6月13日欧洲杯C组，在对战法国队的比赛中，范佩西攻入荷兰队的第2个精彩进球

这正是我想要的——专注于训练和比赛，成为更好的球员。——范佩西

果我的人生中没有温格，我肯定还会非常自我，无法学会如何作为球队一员去踢球。

——范佩西

佩西对《周日镜报》说：“从这位不可思议的球员身上我学到很多，我知道能与博格坎普在
起是多大的荣幸。”

家里最重要的事就是我的两个孩子和我的妻子，他们是我坚实的后盾。家庭带给了我工作的基础，因为你要顾家，不能总是出门。——范佩西

我觉得世界上再也没有像罗宾这样的人了。——布切拉

范佩西与斯内德、罗本

寸冠军的渴望，是体育人的原始本能，而这一刻总是让人激动万分

范佩西在伦敦海布里英超联赛的比赛中祝贺队友进球

任何球员职业生涯最高光的时刻都是代表自己的国家征战世界杯，对于范佩西也是如此

2010年5月26日，荷兰与墨西哥在德国弗赖堡的巴登诺瓦球场举行国家队友谊赛，范佩西与队
友庆祝球队的第2粒进球

010年7月6日，荷兰对阵乌拉圭的南非世界杯半决赛结束之后，荷兰国家队主帅范马尔维克
开普敦的绿点球场内拥抱了范佩西

南非世界杯挂在更衣室里的9号球衣

在南安普敦比赛中犯下愚蠢错误并吃到红牌、令球队无比失望的年轻球员，如今也已成为队长

教练安排我当队长时，我有些惊讶，但我喜欢这个决定，因为我总想帮助球队，带给球队正的作用。即便只是一场比赛，能担任队长也是极大的光荣。——范佩西

比赛的过程中，范佩西为世界杯如痴如狂，而这一刻橙衣军团完胜晋级

10世界杯决赛，荷兰0：1负于西班牙，继1974年、1978年之后第3次获得亚军，仍然难逃无冕之王”的命运

英超阿森纳球星范佩西受到英国
首相卡梅伦接见

010年10月4日，范佩西、维尔马伦、法布雷加斯和贝拉（从左到右）在伦敦O2体育馆内观看NBA欧洲赛

010年12月5日，范佩西、布切拉、维尔马伦、范奥曼、法布雷加斯和加西亚（从左开始）抵达伦敦的克拉里奇酒店，参加ABC拯救儿童慈善晚会

2012年8月17日，范佩西正式加盟曼联，20号球衣则意味着他向曼联的第20个英格兰顶级联赛冠军发起冲击

前　言

* * *

范佩西的生活处处充满着争议，成长于鹿特丹（Rotterdam）的穷街陋巷，而后在欧洲顶级俱乐部中经历大起大落，场上场下的范佩西无时无刻不在品味人生的浮沉。既经历过车祸，与主帅爆发争吵，也攻进过世界杯进球，还养育着一儿一女，他的生活如过山车般上上下下，惊险刺激。

年轻的时候，范佩西的特殊天赋便显露无遗。传说有一位伯乐在画廊中偶遇小时候的范佩西，他笃信范佩西将取得辉煌成就。不过，不管他将来取得多高的成就，做出多大的贡献，收获多少信心，这类早熟天才一般都需要克服一些限制性因素，才能发挥出最大的潜能。范佩西的态度一直是个问题，恃才傲物的他很容易出言不逊，头脑发热，因此在球场上比赛的时候总是让人捉摸不透。

所有的超级英雄都会有自己的烦恼和弱点，学会克服这些也是他们之所以伟大的原因之一，范佩西也不例外。超人被氪星石（Kryptonite）① 克制，蜘

① 在科幻小说中，超人如果遇到这种外星矿物，实力会被削弱。——译者注（如无特殊说明，本书中的脚注均为译者注。）

蛛侠同情心泛滥，范佩西则脾气暴躁，性格顽固，因而总是麻烦缠身。

许多现代球员都有自己的黑暗面，21 世纪的足球运动员腰缠万贯，自由自在，几乎可以为所欲为。对于他们来说，没有什么底线是有钱人不能越过的，他们觉得有时打破这些界限也无妨。他们这样往往伤透了无数人的心，也使得自己在法律面前低下了头。

切尔西（Chelsea）和英格兰队双料队长约翰·特里（John Terry）曾经背叛妻子，与队友韦恩·布里奇（Wayne Bridge）的女友偷情；托特纳姆热刺（Tottenham Hotspur）前锋杰梅因·迪福（Jermain Defoe）因多次违章驾驶走上法庭，许多大牌球员经常因为违法乱纪成为新闻头条。范佩西也曾走上一条崎岖的生活之路，他多次与警察打交道，并因为一桩案件在大家的印象中留下永恒的污点。

但是，亚历克斯·弗格森爵士（Sir Alex Ferguson）认为范佩西是一位“令人难以置信”的球员，这位老帅曾经率领曼联（Manchester United）夺得 13 个英超冠军和 2 座欧洲冠军杯；阿尔塞纳·温格（Arsène Wenger）称其为“特殊天才”，他是第一位真正打造出世界级球队的英超主帅。

以上两位是英超顶级俱乐部中最受尊崇的主帅，在没获得他们的赞誉之前，范佩西已经为国出战了 3 届大赛，不过在荷兰国家队的表现也一直饱受争议。此外，作为一个饱受伤病折磨的男人，命运多舛的范佩西如果想取得成功，必须展示其真正的勇气和决心。

目　录

CONTENTS

第一章　青葱岁月

1983 年 8 月 6 日，罗宾·范佩西出生于鹿特丹东部的克拉林根（Kralingen）区。范佩西 5 岁的时候，父母离异，父亲鲍勃（Bob）一人养大了罗宾以及两个姐姐——莉莉（Lilly）和琪琪（Kiki）。鲍勃和妻子何塞·拉斯（Jose Ras）都是艺术家，范佩西在足球场上的无限创意也许得益于此。那些固执己见的家长通常会毁掉孩子的足球生涯，他们对足球十分狂热，并给孩子带来了额外的压力。但是，范佩西出身于这个与足球并无太大关联的家庭，这使他得以专心提高自己的足球技巧。

在接受阿森纳（Arsenal）电视台采访时，范佩西表示自己的家庭环境与朋友的不同，他比一般的孩子要自由得多。对范佩西来说，邀请朋友们来自己家过夜是一件十分简单的事情，因为他的父母对此十分放心。他们会说："我们自由了！周末属于你们，好好享受吧！"

父母曾经想说服范佩西跟随他们的足迹，成为一名艺术家。不过，范佩西觉得与绘画和雕塑相比，踢足球更像是在画画。鲍勃在荷兰文化界颇有名气，范佩西虽然小时候曾被带进艺术的世界，但还是无法抵抗足球的巨大魅力。父母分开后，范佩西和鲍勃一起住在一间充满艺术性的小屋里，父亲一直鼓励他发挥自己的创意灵感。在接受《独立报》（*Independent*）采访时，范佩西说道："小时候父母常常鼓励我发挥创意，他们让我通过画画和玩游戏来开拓思路，并希望我成为一个拥有独立思想的人。不过，事实证明在动手能力方面，我就是一个废物。"

实际上，范佩西的外公曾经是一名足球运动员，范佩西小时候正是受到他的鼓舞。外公外婆家后边有一片草地，范佩西正是在那里和外公踢球，一踢就是好几个小时。

随后，这位年轻的小伙子来到城市的街道上，与其他年轻伙伴一起踢球，一天最多可以踢 8 个小时。范佩西在水泥丛林里长大成人，这座城市也向他展示了世界的真正面貌，不管是好的还是坏的。少年时期的范佩西家境并不宽裕，但是踢球是免费的，只要有人带球来。

后来，范佩西和一位摩洛哥裔荷兰女孩结婚。也正是在街上踢球的这段时光，让范佩西接触到了摩洛哥和苏里南的社区文化。对不同文化的包容和理解让范佩西成为一个通情达理、善于处世的人。也许，他并没有成为父母期望的那类艺术家，但是他显然成长于一个充满艺术性的环境。球场上的范佩西拥有独特的踢球风格，喜欢跳出固有的思维模式。而且，他也有自己的脾气，至少在职业生涯早期是如此。

SBV 精英足球队（SBV Excelsior）看到了范佩西身上的巨大潜力，这家位于鹿特丹的本地俱乐部也对范佩西的早期发展产生了深远影响。精英队有一位名气更大的邻居费耶诺德（Feyenoord），作为费耶诺德的卫星俱乐部，精英队向对方输送一些未来新星，为他们铺平通向更大舞台的星途。俱乐部已经发掘并培养出了一批有能力立足顶级联赛的球员，比如温斯顿·博加德（Winston Bogarde）、乔治·博阿滕（George Boateng）和萨洛蒙·卡卢

(Salomon Kalou)。

从拉丁语直译过来的话，Excelsior 意为“向前，向上”，用来形容范佩西的成长之路再贴切不过了。精英队的主场只能容纳 3531 名观众，俱乐部也以轻松的环境而出名，这里的球员可以专注于自我提高、磨炼技术。范佩西 4 岁的时候就加入了家乡球队的青训梯队，随后一直效力该队到 16 岁。

实际上，精英队已经容不下成长飞快的范佩西，他的离开只是时间问题。不过，范佩西转投费耶诺德的原因却是和教练组产生了一系列分歧。

由于脾气火爆，范佩西在学校惹出不少麻烦。10 岁出头的时候，范佩西几乎每天都麻烦缠身。他经常被轰出教室，以至于和学校门卫建立起了友谊，对方恰好是摩洛哥裔荷兰人。这位管理员名叫穆什 (Sietje Moush)，他是一位可贵的朋友，经常给范佩西提出真知灼见。

在接受《独立报》采访时，范佩西说道:“15、16 或 17 岁的时候，你正处在一个困难的年纪。你开始渴望出门，不管是去酒吧还是哪里。不过，我的朋友确保我不会去那些地方。他会说‘那些都是垃圾地方’，我相信他的话。我被轰出教室不是因为朝着老师大喊大叫或者说粗口。可以这么说，我的做法更加聪明，只是嘲笑对方。我总有办法还口，让老师们备感受挫，不过我对他们一直心怀敬意。”范佩西和穆什也对彼此十分尊敬，后者还成为了他的非正式经纪人。

这种不断惹是生非的小聪明也被范佩西带到了足球场上，但是教练们无法忍受他任性的态度。于是，范佩西转会到了费耶诺德，上演处子秀的时候才 17 岁。

这些往日旧伤已经被遗忘。人年轻的时候难免会口出狂言，但本意并非如此。精英队希望在未来继续和范佩西保持联系，所以在 2010 年 10 月，他们任命范佩西为俱乐部大使，精英队主场伍德斯坦球场（Stadion Woudestein）的其中一座看台也以这位荷兰球星的名字命名。

范佩西当时只有 27 岁，但他告诉荷兰记者，自己已经计划在职业生涯晚期落叶归根。范佩西似乎确有此意。在伍德斯坦球场举行的一场庆功晚宴上，很多球员只是过来露个脸，尴尬地傻笑着，只为完成自己的任务，然后匆匆离开。但是范佩西不同，他不仅没有匆匆离开，而且和球迷们在酒吧里跳起了康加舞；在卡拉 OK 环节中，他还讨喜地引吭高歌，唱了一首不成曲调的《你永远不会独行》（*You'll Never Walk Alone*）。并没有多少大牌球星愿意和球迷们进行亲切互动，但范佩西似乎觉得完全不成问题。事实上，他好像完全沉浸在其中，感到十分享受。

荷兰电台记者趁着片刻安静，成功采访到了范佩西。范佩西表示："虽然这只是一座小球场，但我不知道什么时候，也许 33 或 38 岁的时候，我愿意以球员的身份回到精英队。我在这里开始了职业生涯，所以在这里结束的话会很圆满。当你在电视上看到我身披费耶诺德球衣踢球的时候，在那之前我已经踢了好些年了。从 5 岁开始，我几乎每天都在精英队。那是一段十分美妙的时光。"

在范佩西的职业生涯中，灾难似乎随时都可能发生。不过在看台命名仪式上，应该不会出什么差错吧？在职业生涯的不同阶段，范佩西都受到过伤病诅咒，不过这次中招的是一个不幸的孩子。当时，范佩西在球场边带领一群孩子列队前进，一位摄像师紧追不舍，一路跟拍。

其中一个孩子的好奇心特别重，他一直盯着摄像机，并没有看脚下的路。

当他重新看路的时候，这个不幸的孩子径直撞上了一根杆子，并摔倒在地上，哭了起来。范佩西对他十分关切，不停地安慰这位号啕大哭的孩子，帮助他重新站了起来。

与精英队的教练闹翻后，范佩西在费耶诺德迎来新生。后者虽然也位于家乡鹿特丹，但却是荷兰足球的“三巨头”之一。费耶诺德、埃因霍温（PSV Eindhoven）和阿贾克斯（Ajax）多年来一直在争夺荷兰足球甲级联赛（Eredivisie）的霸主地位。

费耶诺德的伤病潮让范佩西很快得以登场亮相，或许连他本人也想不到，机会来得这么快。2001—2002 赛季，年仅 17 岁的范佩西迎来处子秀。他就像被丢进泳池一样，要么溺水而亡，要么学会游泳。不过，也有初生牛犊不怕虎的球员，他们无所畏惧，反而为球场带来一缕清风。范佩西便是如此，他在该赛季发挥出色，被荷兰足协评为最佳新秀。

早早地踢出名堂反而间接给范佩西带来不利，虽然取得了成功，但他却因此成了受害者。教练贝尔特·范马尔维克（Bert van Marwijk）认为，范佩西应该回到现实中来。和当初在精英队的情况一样，范佩西再次和教练发生了争吵。费耶诺德并不欢迎傲慢的年轻球员，这家绰号为“沉睡的巨人”（荷兰语 Slapende Reus）的俱乐部认为，位于阿姆斯特丹（Amsterdam）的死敌阿贾克斯才会透出一股傲慢的气质。因此，他们千方百计想扼杀本队球员的这一性格。

在青年梯队，范佩西的队友包括西瓦尔德·斯普罗克尔（Civard Sprockel）和萨伊德·博塔哈尔（Said Boutahar），前者后来加盟了维特斯（Vitesse），后者则辗转于多支荷甲球队。人们很快就发现范佩西是可造之材。

在他 18 岁的时候，俱乐部送上一份为期三年半的新合同，希望把他留在德奎普（De Kuip）球场[①]。这份合约符合费耶诺德一贯以来培养本土青年才俊的政策，同时也意味着如果有俱乐部想斥资引进范佩西，费耶诺德届时可以在谈判中处于强势地位。虽然范佩西最终被阿森纳招致麾下，但此时距离他前往北伦敦还有数年光阴。

作为一位桀骜不驯的年轻人，范佩西无法处理来自教练的不断批评。显然，他已经受到了极大困扰，这位明日之星不但挑战范马尔维克的权威，还和荷兰 U21 队主帅福佩·德哈恩（Foppe de Haan）以及荷兰足球的代表人物皮埃尔·范霍伊东克（Pierre van Hooijdonk）顶嘴，后者可是随费耶诺德获得 2002 年欧洲联盟杯冠军的功勋战将。

范佩西当时很难发现自身的问题，不过若干年后回顾往事，他表示十分理解为什么有些人认为他是一位傲慢自负的球员。在接受《每日快报》（*Daily Express*）采访时，范佩西说道："如果人们指责我傲慢，我可以理解。最近，我看到了自己在电视上的表现，心里想道：'罗宾啊罗宾，你这个狂妄自大的家伙。'如果有人说我傲慢，我并不会责怪他们，因为我自己也是这么想的。"

即使是在群星璀璨的阿森纳，范佩西的形象也大致如此。不过，他在费耶诺德受到的待遇可不一样。范马尔维克是一位严厉的教练，他希望自己的手下是一台台既实用又低噪，且方便操控的机器，而不是拥有自由思想、我行我素的球员。

皮埃尔·范霍伊东克是球队的大明星，但范佩西这颗崭露头角的新星十分

① 费耶诺德的主场。

相信自己的实力，他有时会在场上忽略了范霍伊东克。在一场对阵阿尔维克（RKC Waalwijk）的比赛中，范霍伊东克希望主罚一记任意球，但范佩西插了进来，抢走罚球权。只见他踢出的足球越过横梁，飞出了界。

在接受《独立报》采访时，范佩西说道："那脚射门并没有进球，但我当时感觉良好。我还是觉得他可以更礼貌一些，他本来可以说'好吧，那就给你罚'。现在回过头想想，我当时应该随它去。那个任意球位置很好，特别适合左脚球员来罚。不过考虑到他是球队任意球的主罚者，而且后来还把这件事闹得沸沸扬扬，也许聪明的做法应该是把球权还给他。对我来说，这不是什么大问题。这种事情经常发生，我也从中吸取了教训。"

由于这类事情频繁发生，范马尔维克把起初表现出彩的范佩西晾在替补席上，后来还把他下放到了预备队。公平地说，这位教练并不太理解，也不太赞同范佩西的处事方式。范佩西加盟阿森纳后，他发现球队主帅阿尔塞纳·温格更能理解他的所作所为。他也抱怨称，自己和范马尔维克的关系从来没有好过，后者对他存在很大的误解。

人们的确很容易误解，认为这位年轻又充满渴望的年轻人是个傲慢的家伙，不过这要归根于范佩西小时候踢街头足球的经历。这些来自克拉林根的孩子踢着紧张刺激的足球比赛，只有胜者才可以继续留在场上。如果他们无法展示出自己的技术，就只能在旁边看着其他人踢球。

范佩西虽然略显稚嫩，但却是一颗令人期待的新星，对于如何踢出漂亮足球有着独到的见解。他很快便登上了费耶诺德的舞台，处子赛季便攻进八球。早年的范佩西的确有很明显的纪律问题，他也早早就吃到了红牌。在 4 ：2 战胜特温特（FC Twente）的比赛中，范佩西替补登场并攻进了处子球。在球队遭遇伤病危机的时候，他在对阵死敌阿贾克斯的比赛中迎来了首发机会。范佩西的表现令人瞩目，他在这场 1 ： 1 的平局中再度破门，观众也不禁为其振臂欢呼。顺利的开局还在继续着，范佩西在 4 ： 1 大胜阿尔克马尔（AZ Alkmaar）的比赛中再次收获了进球。

在对阵格拉斯哥流浪者（Rangers）的比赛中，范佩西迎来欧战处子秀。费耶诺德也一路披荆斩棘，最终获得欧洲联盟杯冠军。次回合主场作战，范佩西边路持球内切，射出的皮球弹柱而出。虽然是无名小卒，但范佩西在球队杀入欧洲联盟杯决赛的历程中发挥了重要作用，正是他在半决赛次回合助攻范霍伊东克破门，帮助球队晋级最后的决赛。

范佩西在决赛中首发上阵，也有着亮眼的表现。费耶诺德在自己的主场 3 ： 2 战胜了多特蒙德（Borussia Dortmund），成为该赛季的欧洲联盟杯冠军。在本队球迷面前夺得联盟杯，这对范佩西的职业生涯来说可谓是一个梦幻开局，这位年轻新星自然喜上眉梢。

范佩西和范马尔维克显然看不惯对方。费耶诺德在土耳其的训练营里备战与皇家马德里（Real Madrid）的欧洲超级杯比赛，但范马尔维克此时却让范佩西回家，理由是在此前的一场欧冠资格赛中，他让范佩西去热身，但后者表现出来的身体语言让他不满。

加盟阿森纳后，范佩西回顾此事时，心中满满都是悔意。他告诉《独立报》："费耶诺德非常粗鲁地剥夺了我与皇马过招的机会。想象一下，当时我才 19 岁，步入这一行才几个月，但他们却如此对我。皇马是当时世界上最好的俱乐部，对球员来说是最好的试金石，与皇马中场齐内丁·齐达内（Zinedine Zidane）同场竞技也是我的梦想。他是一位技惊四座的球员，拥有出色的一脚触球能力和开阔的视野。相比于大卫·贝克汉姆（David Beckham），我对齐达内更加尊敬。”

谈到在德奎普球场的失意岁月，范佩西说道：“情况不该是这样，贬低人并不是一件令人愉快的事情，这样的方式并不能帮助一位富有潜力的年轻球员成长。”

范佩西已经变得更加成熟，回顾费耶诺德生涯的时候，他并没有发泄不满，而是从中吸取教训。他说，俱乐部的教练们给年轻球员树立了坏榜样。他并不是唯一一位因琐事被教练不断烦扰的球员，但其他接受正规足球训练的球员已经习惯被这样对待。不过，范佩西就是无法容忍别人这样对自己说话。也许默默忍受、闭上嘴巴是更聪明的做法，但范佩西可不会这么做。他大胆地和范马尔维克顶嘴，就像当初在学校和老师争吵一样。

效力阿森纳的时候，范佩西承认自己在费耶诺德惹过麻烦：“我不想为自己找借口，因为我的确犯过一些错误。但那主要是情绪问题，因为我并没有自控力，也无法控制当时的情况。”

后来，范佩西及时学会了自我克制。在高压情境下，他也不再像以前那样肆意发泄。

范佩西表示，他和范马尔维克关系闹得这么僵，主要是因为沟通不当。也许，他曾经天真地以为自己可以和教练一起散散步，以为自己可以参与训练课的安排。范佩西说道：“我和教练有过一些误会，我们之间沟通不畅。有时候我去找他谈话，不过他可能以为我要教他该怎么做。我的出发点是好的，我只是想谈谈对球队，以及对我这个位置的看法。”

虽然阿尔塞纳·温格后来把边锋出身的范佩西改造成了前锋，但范马尔维克对此显然不太热衷。范佩西向他建议，自己在中路可能会有更好的表现，但范马尔维克却告诉记者，范佩西要求占据球队的一个位置。“他告诉记者我要求踢二前锋的位置，但事实并非如此。我只是建议他有时可以试试把我放在其他位置，看看是否奏效。我并不喜欢踢左边锋，所以为什么要保持沉默呢？”

跟媒体说自家球员的坏话，这一做法对谁也没有好处。如果温格和球员产生问题，他会私下与之交流并鼓励和鞭策对方，而不是在公众场合讨论这件事情。温格也向范马尔维克展示了该如何听取球员的建议，而不是向记者抱怨。

不过，这一刻薄的做法似乎在鹿特丹奏效了。范佩西告诉《独立报》，自己被范马尔维克不断地批评后，记者们开始抹黑他在德奎普球场的形象。有一次，范马尔维克突然对范佩西进行批评，并把他下放到了预备队。记者们于是费尽心机地丑化范佩西的形象，甚至连他父亲也不放过。不过，在范佩西回归一线队并奉献出色表现之后，这些立场不定的记者很快对这位前锋大唱赞歌。回顾这段经历，范佩西表示自己因此变得更加坚强，也明白了要忽略报纸上的东西。

他说道：“他们针对我的父亲，把他描述得十分黑暗。当时我 19 岁，刚刚接触真实世界，才发现有多困难。几个月后，当我再次拥有精彩表现的时候，我想道：‘那些之前对我狠敲猛打的人又要书写我的光辉事迹了。’从那以后，我对他们写的内容一点也不关心。”

18 岁时挤进费耶诺德的一线队后，范佩西很快就和主帅发生争吵，陷入了困境。回顾这段往事时，他表示自己很庆幸能逃离噩梦，在阿森纳迎来新生。此外，费耶诺德、阿贾克斯和埃因霍温之间也产生了不小的嫌隙，范佩西也在某种程度上卷入其中。他并不是那种害羞谦逊的人，但是他却将自己的婚事隐瞒得很深，生怕婚礼引来不怀好意的关注。2004 年 4 月，罗宾和布切拉·埃尔巴里（Bouchra Elbali）走进婚姻的殿堂。

人们后来才发现，这是一场十分低调的婚礼。除了新郎新娘，只有范佩西的父母、姐姐，以及布切拉的家人出席。《星期日邮报》（*Mail on Sunday*）报道称，他们之所以举行婚礼，是因为布切拉是穆斯林，如果不结婚的话，她就无法长期和伴侣一起居住生活。罗宾虽然不是穆斯林，但是他希望帮助布切拉遵守其宗教传统和行为准则。

第二章　圆梦之旅

这听起来有点像那些无中生有的经典段子，但是范佩西这个出身鹿特丹工薪阶层聚集区的小伙子，的确声称自己从小就是阿森纳的球迷。他仰慕阿森纳球员罗伯特·皮雷（Robert Pires）和蒂埃里·亨利（Thierry Henry），当然还有进球机器丹尼斯·博格坎普（Dennis Bergkamp）。

从某种程度上说，范佩西是以“新博格坎普”的名号为英国球迷所了解的。两人显然有许多相同点：生于荷兰、崇尚进攻、相貌不凡。年轻的范佩西可能会对博格坎普崇拜得五体投地，毕竟后者是一位事业成功而且备受爱戴的球员，还为俱乐部和国家队立下了赫赫战功。阿森纳的球迷或许会把博格坎普评为俱乐部历史上第二成功的球员，这当然令范佩西向往不已。

范佩西也毫不掩饰对这位荷兰同胞的倾慕之情。在接受《泰晤士报》（*Times*）[①]采访时，范佩西说道：“博格坎普绝对是我多年来的星级偶像，我一定要好好研究他的每一处技术细节。”

博格坎普和范佩西虽然属于不同时代的球员，但他们依然有机会并肩作战，因为博格坎普直到2006年才离开阿森纳。不过，很多球迷早已把范佩西

① 英国的一份全国性综合报纸，被认为是英国第一主流大报。

当成他的接班人。

范佩西于 2004 年 5 月 17 日以 275 万英镑的价格加盟阿森纳，据报道周薪为 2.5 万英镑。当时还没有多少人知道，这个 20 岁的小伙子只是荷兰 U21 国家队的一员。不过，大家还是注意到了他的转会费是多么便宜。同年夏天，曼联以超过 2500 万英镑的价格引进韦恩·鲁尼（Wayne Rooney），转会费几乎是范佩西的 10 倍。

对于范佩西来说，这是一次圆梦之旅，但同时他也知道前路艰辛。在接受《伦敦晚旗报》（*Evening Standard*）① 采访时，范佩西说道："对我来说，这是一项巨大的挑战。从阿森纳的角度来看，我并不是天价新援。所以，我清楚一旦机会来临，即使只有两三分钟，我也要好好把握住。每一分钟，每堂训练课，我都会努力提高。"

阿森纳对范佩西青睐已久，但是据报道称，费耶诺德一直咬紧 500 万英镑左右的要价。两家俱乐部开启了长达 5 个月的谈判，阿森纳最终如愿引进了范佩西。

阿森纳首席球探史蒂夫·罗利（Steve Rowley）是这笔交易背后的关键人物，他多次前往现场考察范佩西的表现。有传言称，有一次范佩西和范马尔维克在更衣室里争吵的时候，前者狠狠地扔掉了自己的球鞋。于是在 2004 年春天，范佩西被下放到了预备队。这一事件本可能抹杀掉阿森纳对范佩西的兴趣，也很有可能断送这位球员的职业生涯。谢天谢地，罗利竟然并没有打消念头，反而还去看了费耶诺德对阵死敌阿贾克斯的预备队比赛。

---

① 英国的一份地区性报纸。

这场普通的比赛节奏十分缓慢，而且观众只有一个人，带着一只可能并不情愿的狗。不过，如果对阵双方是费耶诺德和阿贾克斯的话，这可就不是一场普通的比赛了。当这对死敌在 2004 年 4 月 15 日的次回合比赛中相遇时，现场气氛可谓剑拔弩张。球场草皮周围坐着 4000 名极不友善的阿贾克斯球迷，只要范佩西一靠近边线，他们就朝这名前锋泼啤酒。面对这种挑衅行为，范佩西的反应或许已经给罗利留下了深刻印象。阿森纳和托特纳姆之间的敌对气氛也很浓烈，但显然不会像这场比赛一样真刀实枪。比赛结束后，一些足球流氓跑进场内，袭击了豪尔赫·阿库尼亚（Jorge Acuña）和范佩西，后者也不由得担心起自己的生命安全。

阿贾克斯青年队主帅马尔科·范巴斯滕（Marco van Basten）看到了这起冲突，他冲进场内将深陷麻烦的范佩西解救出来。这位年轻球员脖子上和背上有好几处擦伤，范佩西后来跟媒体表示，他真的以为自己会在这场混战中丧生，一点也不夸张。

不到半个月，范佩西转会阿森纳一事正式敲定，他也从这场噩梦中被解救出来。在鹿特丹发生的这些事情原本很有可能会酿成惨剧，幸运的是范佩西从水深火热中脱险而出，加盟了英超冠军阿森纳。

范佩西很快对罗利的信任表示感谢，他说道："我知道一般是球队主帅享受盛名，但是对阿森纳来说，罗利也一样重要，每一位来到阿森纳的年轻球员都会先认识他。当我见识到队里的年轻人有多么出色时，我只能说，俱乐部每个赛季都完成了出色的工作。"

转会完成后，史蒂夫·罗利依然对范佩西有着重要的影响。两人经常一起观看比赛录像，一研究就是好几个小时。作为一名球探，慧眼如炬的罗利会直接指出范佩西在比赛中做得不好的地方，他知道范佩西不会被激怒，也清楚这位荷兰球员渴望自我提高。

阿尔塞纳·温格对于引进范佩西感到十分满意，他对这位前锋的技术和适应性大加赞赏。签约不久后，俱乐部就发表声明称：“罗宾是一位天赋异禀的青年才俊，俱乐部完成了一笔梦幻签约。他的左脚技术十分出众，是一位视野开阔的传球手。此外，他还可以担任前锋或者边锋。罗宾在俱乐部和 U21 国家队都展示出了巨大潜力，他会极大地增强我们的实力。”

范佩西表示，他很快便对温格产生了信任感，两人一拍即合。他说道：“温格只花了 10 分钟就赢取了我的信任，他认为我是一位伟大的球员，但需要更有耐心。他说：‘如果你在训练中过掉坎贝尔（Campbell）或者科洛·图雷（Kolo Touré），那么就可以在我的队中踢球。’”

两人之间的亲密纽带让范佩西获益匪浅，帮助初到北伦敦的他度过了充满挑战的处子赛季，温格总会在范佩西需要他的时候出现。荷兰人加盟的时候，阿森纳的锋线正处于动荡期。身价 1300 万英镑的法国前锋西尔维安·维尔托德（Sylvain Wiltord）已经失宠，当时俱乐部并不想和他续约。此外，年迈的恩万科沃·卡努（Nwankwo Kanu）在枯坐替补席之后，选择了转投西布罗姆维奇（West Bromwich Albion）。

球队刚刚以赛季不败的成绩夺得英超冠军，这支“不败之师”极具标志性。不过温格并没有感情用事，而是及时完成了球队的新老交替。丹尼斯·博格坎普已年过 30，职业生涯显然只剩下几年光阴。因此，范佩西是枪手（Gunners）[1]

① 阿森纳的绰号。

亟需的新鲜血液。阿森纳当时拥有博格坎普和亨利这两位正值巅峰的世界级前锋，范佩西若想出头尚需时日。这位热血小伙需要成熟起来，耐心等待自己的机会。

范佩西说过，加盟阿森纳这样的球队是梦想成真的事情。在季前备战中可以和博格坎普、亨利以及皮雷这些家喻户晓的球星搭档，想必范佩西心里已经乐开了花。不过，他给球队的第一印象却不怎么好。第一次在更衣室里和队友见面时，范佩西穿了一件蓝白色的衣服，这是属于阿森纳死敌热刺的颜色。队长帕特里克・维埃拉（Patrick Vieira）立马发现了这一点，并跟这位新人开起了玩笑。满心欢喜的范佩西并没有意识到自己的穿着有不妥之处，不过这也打破了陌生人之间的隔阂，队友们开始发出善意的嘲笑，气氛一下子就活跃了起来。

俱乐部官网曾对博格坎普进行过一次低调采访，他表示范佩西“相当有天赋”，而且“清楚自己在做什么”。范佩西并不是一个夸夸其谈的人，博格坎普也希望这位荷兰同胞可以跟随自己的足迹，在足球场上用双脚说话。对球员们来说，到头来比赛中发生的一切才是最重要的。也许，范佩西是时候跟随老大哥的引导，把注意力放到足球场上了。

范佩西很快便展示了自己的鬼脚神技，在 10 ：1 大胜英格兰足球协会全国联赛球队巴内特（Barnet）的处子秀中进球，他在比赛的第 30 分钟攻破了对手大门。接下来的两场比赛，范佩西延续进球势头，帮助球队 3 ：2 战胜斯洛文尼亚球队马里博尔（NK Maribor），2 ：1 击败奥地利球队格拉茨 AK（Grazer AK）。

范佩西迎来一个不错的开局，不过他的火热状态不得不暂时停下来。此前在荷兰备受谩骂的范佩西随枪手回国参加季前赛性质的阿姆斯特丹杯（Amsterdam Tournament）。7 月 30 日，这位 20 岁的前锋在阿姆斯特丹竞技场（Amsterdam Arena）[①] 首发对阵阿根廷球队河床（River Plate），顶替了博格坎普的位置，这位阿贾克斯旧将坐在替补席上。范佩西位于前锋弗朗西斯・杰弗斯（Francis Jeffers）身后，两人有过几次默契的配合，队友杰梅因・彭南特（Jermaine Pennant）的表现也很突出。范佩西应该很满意自己的表现，但是场边却发生了令人不愉快的事情。面对范佩西这位死敌费耶诺德的旧将，只要他一触球，阿贾克斯球迷就发出嘘声和嘲笑声。之前在预备队被羞辱，那还不算荒谬；但这是一场季前友谊赛，如此行为就有些令人不解了。如果一位前热刺球员在友谊赛中碰上阿森纳，他一定不会引起枪手球迷这般怒火。

回到阿森纳入住的希尔顿酒店（Hilton Hotel）后，事态往更糟糕的方向发展。范佩西和妻子布切拉驱车回到酒店，两名骑着自行车的男子靠近他的座驾，对车里的范佩西破口大骂。

在接受《伦敦晚旗报》采访时，范佩西说道："这两名男子大呼小叫，并且朝我吐口水，当时我开着车窗。他们踢了我的车三四下，然后又吐了口水。他们随后又跟在我们后面，不过我们很快甩掉了对方。这简直令人难以置信。"

夫妇俩对此大感震惊，范佩西似乎已经与祖国人民水火不容，这也让他更加渴望在阿森纳取得成功。阿森纳首席球探罗利此前已经察觉到了范佩西的叛

---

① 阿贾克斯的主场。

逆性格，现在轮到他的队友们见识这一点了。在第二天与阿贾克斯的比赛中，范佩西替补上阵。虽然依旧被喝倒彩，但他像平时一样主罚任意球，过掉对方后卫，仿佛带着一副耳机，全然不关注身边发生的其他事情。年仅 20 岁的范佩西的抗压能力如此出色，这一定会给温格留下深刻的印象，也给日后对阵热刺的北伦敦德比带来一个好兆头。

阿贾克斯主帅罗纳德·科曼（Ronald Koeman）表示，球迷们在第二场比赛中嘘范佩西的行为十分丢脸。这件事情发生在上次预备队比赛的数月之后，在接受《伦敦晚旗报》采访时，科曼表示："范佩西是一位伟大的天才，考虑到几个月前发生的事情，我们应该用另一种方式招待他。球迷们的行为令人震惊。"

范佩西已经用行动向阿贾克斯球迷表明，自己不会受到影响。赛后，他表示希望这两件事情尽快翻篇。他并不希望以其人之道还治其人之身。考虑到阿姆斯特丹竞技场是荷兰国家队的主场之一，他可能在不久的将来回到这块场地，范佩西选择息事宁人也算是明智之举。他说道："4 月份的事情已经成为历史，那些人并不能被称为真正的球迷。我希望忘记这一切，也希望这样的事情永远不会再发生。"

范佩西的阿森纳生涯取得了开门红。2004 年 8 月，在卡迪夫（Cardiff）的千禧球场（Millennium Stadium），阿森纳在慈善盾杯（Charity Shield）的比赛中 3 ：1 战胜曼联，范佩西上演了正式比赛处子秀。由于温布利球场（Wembley Stadium）正在重建，英国国内杯赛的举办地便被转移到了威尔士首府。何塞·安东尼奥·雷耶斯（José Antonio Reyes）在该场比赛中大放异彩，阿森纳也在下半场攻进了三球。作为新人，范佩西显然还有许多需要学习的地方。当雷耶斯撕破曼联防线，带球逼近对方门将蒂姆·霍华德（Tim Howard）把守的大门时，范佩西在远端等着他传中。雷耶斯的确把球传了过来，但是队友吉尔伯托（Gilberto Silva）后排插上，抢先一步将足球送进球门。范佩西心不在焉地与队友庆祝，这本该是他效力阿森纳的正式比赛处子球。

阿森纳在场面上完全震慑住了曼联，但范佩西浪费了一次黄金机会。国家队老大哥丹尼斯·博格坎普右路传中，范佩西压制住对方后卫，在前点头球攻门，然后足球却击中了球门边网。亨利和雷耶斯那天的状态要比范佩西好得多，这也定下了赛季开幕第一个月的基调。

从踢法谨慎的荷甲来到节奏飞快、血性十足的英超，这一转变并不容易适应。他的新主帅表示，范佩西需要几个月的时间才能适应英格兰的生活，这是很正常的事情。这位荷兰人身材修长，在身体对抗中自然免不了被对手冲撞。

温格说道："对于一位年轻球员来说，我认为他需要 6 到 8 个月的时间来适应英国足球的节奏和对抗。范佩西在对阵桑德兰（Sunderland）的比赛中合理运用了自己的身体，这一点令我很满意，毕竟这里的身体对抗强度和荷兰不同。"

不过，范佩西的适应期比预期要长，因为温格决定让他离开心仪的边锋位置，转去中路谋生。亨利此前也经历了这样的转型，他在意大利豪门尤文图斯（Juventus）司职边锋，转投阿森纳之后逐渐成长为世界最佳前锋之一。显然，温格认为自己可以在范佩西身上成功复制这一轨迹。

在俱乐部度过一个半赛季后，移居中路的范佩西已经视进球如拾草芥。温格说道："说来也奇怪，范佩西一直被当成边锋培养，他在费耶诺德也只踢这个位置。我一开始也让他踢边锋，但后来发现他并不适合边路，他的敏捷度不足以摆脱对方后卫。所以，我把他放到了中路。”

10 月份的时候，范佩西的场下生活再生波澜，这次还是和他的汽车有关。之前在阿姆斯特丹被谩骂和吐口水，这次则是范佩西自己惹祸，他将车开进了 M25 高速公路[1]的中央分隔带，随后更是冲进了一片农田。范佩西的蠢事还没完，他打电话叫朋友接走自己，然后把那辆价值 6.5 万英镑的宝马残骸遗弃在了事发地点。警方随后追踪到了阿森纳的科尔尼（Colney）训练基地，范佩西也被问了话。

他的“老大哥”博格坎普当起了翻译，告诉警察说范佩西当时惊吓过度，不知道交通事故逃逸是违法行为。一位来自阿森纳的消息人士告诉《伦敦晚旗报》:“范佩西不知道他这么做是犯法的。他跑到电话亭里打电话，让一位同事去接他。他害怕得全身发抖。”范佩西最终免于处罚，他坦言自己并不熟悉交通法规，并表示需要队友帮忙接送，以赶上当天的训练课。

阿森纳把上赛季的不败纪录几乎延续到了新赛季第一个月底，即将迈向 50 场不败大关的时候，球队在英超联赛中碰上曼联，并不幸落败。比赛在曼联主场老特拉福德（Old Trafford）球场进行，范佩西整场比赛都枯坐在替补席上。主队曼联赢得一粒争议点球，前锋路德·范尼斯特鲁伊（Ruud van Nistelrooy）一蹴而就。随后，韦恩·鲁尼再入一球，将比分锁定在 2 ∶ 0。

不过，在终场哨声响起后，一场好戏才刚刚上演，双方球员在球员通道内发生了激烈冲突。当时现场充斥着刺耳的污言秽语，突然之间，有人朝曼联主帅亚历克斯·弗格森爵士扔了一块比萨！阿森纳后卫阿什利·科尔（Ashley

---

① 或称伦敦外环高速公路，英国首都圈的一条环状高速公路。

Cole）在自传中写道："那块比萨从我头上飞过，然后直接砸在了弗爵爷的脸上！大家都目瞪口呆，看着这块比萨砸中这位名人的面孔，然后又掉到了他那件笔挺的西装上。"

范佩西的下一次首发是在联赛杯上，地点同样是在曼彻斯特这座城市，不过对手换成了曼城（Manchester City）。阿尔塞纳·温格并不太看重这项赛事，所以他派出了以年轻球员为主的阵容。阿森纳球员步入客队更衣室的时候，还看到了一句充满戏谑性质的警示语："出于安全考虑，不得携带比萨或汤水。"在阿森纳俱乐部的历史中，他们似乎一直都不太重视联赛杯，经常派出较弱的阵容征战这项赛事。相比于俱乐部获得的10座足总杯冠军和13座联赛冠军，他们在联赛杯中只夺冠2次。

比赛之前，温格就已经准备好了借口。他说道："那些参加了上周日联赛的球员已到了受伤的边缘，而且接近参赛极限。所以，我现在不能让任何球员冒险，因为他们很多人都面临受伤的危险。在丹尼斯·博格坎普这个位置上，罗宾·范佩西是一位天赋异禀的球员。他可以创造机会，也可以破门得分，所以我相信他会奉献一场精彩的比赛。"

比赛难称经典，范佩西再一次取得了进球，帮助球队首开纪录，并最终以2：1的比分取得胜利。比赛初期，面对对方球员昆西·奥乌苏·阿贝耶（Quincy Owusu-Abeyie）的一次普通铲球，范佩西似乎忘带了射门靴，他的射门离目标相去甚远。不过，他随后又抓住了一次类似的机会，镇定地攻破对手大门。

年轻的枪手球员们展示出了自己的实力，温格也表示范佩西的进球是一粒"真正的阿森纳式进球"，对他进行了高度赞扬。这群冉冉升起的新星们凭借出色的表现让自己引以为荣。在接受《伦敦晚旗报》采访时，温格说道："下一代看起来非常不错，让我相信俱乐部有着光明的未来。球探和教练们一直在招募优秀的年轻球员。这是我们过去几年的工作重心，你现在可以慢慢发现他们的实力了。"

对于范佩西来说，这场比赛极大地提升了他的自信心。接下来的那个星期六，范佩西在对阵南安普敦（Southampton）的比赛中再次有所斩获。之前在老特拉福德的失利已经糟糕透顶，如果这次主场再输给风雨飘摇的南安普敦，那将是一场真正的灾难。在比赛中，枪手由亨利率先破门，但是对方的罗里·德拉普（Rory Delap）在比赛末段梅开二度，逆转取得领先。这支位于西海岸的球队看来要从阿森纳的主场偷走三分了。温格赛前就说过，担心球队还没从此前一周的失利中走出。不过和其他队友不同的是，在周中那场胜利之后，范佩西依旧延续了自己的良好状态。

比赛只剩下 5 分钟的时候，范佩西替补登场，换下了弗雷迪·永贝里（Freddie Ljungberg）。在这么短的时间内，范佩西就成功过掉了对方一名后卫，然后内切射门，足球被轰进了球门上角。这是范佩西的英超处子球，他也成功帮主队抢回了一分。比赛进入伤停补时，范佩西本有机会攻进制胜球。这次机会比之前那次更加简单，但范佩西的头球攻门被对方门将安迪·涅米（Antti Niemi）直接没收。

人们总是说，范佩西是时候成为热议的焦点了，他似乎也听到了这些。步入忙碌的 12 月后，阿森纳再次光临老特拉福德球场，这次是参加联赛杯的比赛。开场 19 秒后，曼联前锋大卫·贝利翁（David Bellion）就火速攻进一球，这也是全场比赛的唯一进球。不过，赛后的新闻头条却是范佩西，只不过是因为不光彩的事情。

下半场开始后，范佩西与对方的基兰·理查德森（Kieran Richardson）发生冲突，并给了对方一肘。作为反击，理查德森手上也有一些动作，现场陷入一片混乱。阿森纳和曼联最近几次交锋都出现了一些戏剧性场面，双方自然是充满敌意。虽然两队像往常一样在联赛杯排出一套年轻阵容，但是这些边缘球员面对冲突也毫不示弱。

范佩西很快被一群愤怒的曼联球员围住。主裁判马克·哈尔西（Mark Halsey）竭力平息这一混乱局面，他给了范佩西和理查德森各一张黄牌，希望能让球员们恢复冷静。考虑到范佩西的行为，他还能留在场上真是要谢天谢地。比赛快要结束的时候，范佩西和理查德森又对上了，后者想要报复这位荷兰前锋。哈尔西见状，立马吹响了终场哨声，阻止事态进一步恶化。

可以预料到的是，曼联主帅弗格森爵士对裁判的终场哨大为不满，他呼吁英格兰足总采取进一步措施。弗爵爷说道："范佩西居然还能留在场上，这真是太幸运了。英足总必须注意到这点，因为这位球员做出了肘击行为。我问裁判为什么两位球员都吃到了黄牌，他说是因为他们具有'侵略意图'，还告诉我他没有看到那记肘击。"

温格后来也表示，范佩西的行为吃到黄牌是处罚从轻了。虽然他对范佩西的斗志感到满意，不过如果以后想将他安排进首发阵容的话，温格也要三思了。比赛结束之后，温格表示范佩西需要学会保持冷静。考虑到几个月前发生的那次阿姆斯特丹冲突事件，温格有时候会以为范佩西已经可以控制住自己的情绪。温格说道："罗宾展示了巨大的潜力，但是他需要学会控制情绪，不要过度兴奋。我当时考虑把他换下，因为他那时候已经头脑发热。他必须学会保持冷静。”

范佩西的替补机会也许并不多，但他很好地把握住了这些机会，也在努力争取进入首发阵容。在对阵挪威联赛冠军罗森博格（Rosenborg）的欧冠比赛中，范佩西在下半场替补登场，并攻入最后一球，帮助阿森纳以 5 ：1 的比分战胜这支业余球队。这也是阿森纳在海布里（Highbury）球场[①]取得的欧冠最大比分胜利。范佩西本有机会上演帽子戏法，但是接连错失几次机会后，他也只能满足于攻进一球的成绩单。雷耶斯送出一记巧妙的直塞，面对出击的门将，范佩西将球轻轻地挑进了球门。温格赛后开玩笑称：“也许我们并没有像其他人说的那样糟糕。”

范佩西的出场时间极其有限，不过当时钟即将走过 2004 年的时候，他又得到了一些机会，并且表现十分活跃。阿森纳客场 1 ：0 战胜了纽卡斯尔（Newcastle），把和领头羊切尔西的分差维持在 5 分以内。上半场的时候，范佩西数次威胁对方门将谢伊·吉文（Shay Given）把守的大门。有一脚击中了这位爱尔兰门将的脸部，另一脚则迫使他做出勉强的扑球。阿森纳队长维埃拉随后攻进一球，帮助球队锁定了比赛的胜利。说句公道话，范佩西的表现并不是很出彩。《每日电讯报》（*Telegraph*）[②]的记者亨利·温特（Henry Winter）表示，范佩西只是穷人版的博格坎普，而不是这位荷兰传奇的年轻接班人。不过，在这场昏昏沉沉的比赛中，范佩西的表现还是有亮眼之处的。对方的李·鲍耶（Lee Bowyer）以爱挑事出名，他也的确激怒了范佩西。面

① 阿森纳当时的主场。

② 英国的一份全国性日报。

对范佩西的一次普通铲断，鲍耶佯装受伤，为自己的球队赢得了一记颇具威胁的任意球。在之后的比赛中，范佩西头脑发热，又对对方的史蒂芬·泰勒（Steven Taylor）进行铲断。还好，这只是一个黄牌动作，范佩西并没有放任自己的任性脾气。要知道，几年前正是这脾气让他自己吃尽了苦头。

雷耶斯的缺阵让范佩西获得了不少比赛机会。新年这天，阿森纳前往伦敦南部，客场挑战查尔顿竞技（Charlton Athletic）。查尔顿为 2005 年开了个好头，他们的防守工作非常出色。如果继续这样的表现，阿森纳很难威胁到联赛争冠对手切尔西和曼联。好在枪手终于从沉睡中醒来，而范佩西正是催化剂，帮助球队在中场休息前取得领先。他牢牢地控制住足球，随后传球给队长维埃拉，后者助攻永贝里破门得分。

主队在上半场压哨扳平了比分。不过，下半场开始后，永贝里很快就接应塞斯克·法布雷加斯（Cesc Fàbregas）的脚后跟妙传，梅开二度再次将比分超出。现在轮到范佩西闪光了，机会出现的时候他也的确紧紧地把握住了。范佩西那粒进球的产生方式也许会让客队球迷以为自己看错了比赛，因为那并不是阿森纳常规的进攻方式。球队的年轻后卫贾斯汀·霍伊特（Justin Hoyte）①大脚将球开向前场，这脚球看上去有些随意和无趣，似乎不会对鳕鱼②的防线造成威胁。不过，嗅觉灵敏的范佩西却成功利用了这一渺茫的机会。对方后卫乔纳森·福琼（Jonathan Fortune）在争顶时出现失误，范佩西成功将比分改写成了 3 ： 1。福琼本来是想用头把球回做给门将，但是范佩

---

① 原文此处有误，应该是阿森纳名将曼努埃尔·阿穆尼亚（Manuel Rivero Almunia）。

② Addicks，查尔顿的昵称。据称在 20 世纪初期，查尔顿球员赢球后会去一家餐厅吃黑线鳕鱼（Haddock），而黑线鳕鱼在伦敦东南部的读音接近 Addick。

西捷足先登。他做出一记精彩的左脚射门，足球飞进球门远角，门将迪恩·凯利（Dean Kiely）只能望球兴叹。

范佩西跑到球门后面，与欢呼雀跃的阿森纳球迷一起庆祝进球。看上去，2005 年也许是属于范佩西的一年。

这粒进球或许可以成为赛季最佳进球，它也许会被一遍遍地回放，从不同角度被欣赏。巧合的是，范佩西来到阿森纳已经差不多 6 个月了。记得温格之前说过，新援一般需要 6 个月的时间来适应英超。

2 月份的时候，阿森纳迎来与南安普敦的次回合联赛。由于在对阵谢菲尔德联（Sheffield United）的足总杯比赛中出现粗野犯规，博格坎普和雷耶斯双双被停赛。因此，对阵处境艰难的南安普敦，枪手的锋线由亨利和范佩西领衔。比赛开始后，一切照计划进行着。对方的大卫·普鲁顿（David Prutton）被罚下场，随后永贝里为阿森纳首开纪录。上半场的时候，范佩西侥幸地只吃到了一张黄牌，他肘击了对方的罗里·德拉普。这个动作并没有逃过别人的眼睛，这也是他自 2004 年 12 月以来第二次做出这个侵犯动作了（弗格森爵士之前就提醒人们要注意了）。中场休息的时候，温格警告范佩西要冷静下来，但是范佩西下半场完全失去了控制。他鲁莽地对格雷厄姆·勒索克斯（Graeme Le Saux）进行犯规，被裁判再次出示黄牌，两黄变一红被罚离场。

在接受阿森纳电视台采访时，范佩西曾经说过，举止得体的球员就像“一件精美的艺术品”，但是如此表现的范佩西就像一件乱涂乱画的班克西（Banksy）①

① 英国街头艺术家，英国涂鸦风潮的中坚人物。作品以政治和社会内容为题材，风格以黑色幽默著称。

摹本，而不是一幅《蒙娜丽莎》（*Mona Lisa*）①。

拖着沉重的步伐走下球场的时候，范佩西感受到了主帅温格的愤怒，后者似乎不敢相信自己的眼睛。随后在接受《人民报》（*People*）②采访时，温格说道："范佩西走过我身边的时候，我说了什么？我只是告诉他，我之前已经警告过了。中场休息的时候，我就说过他已经身背黄牌。而且主队少一人作战，主裁判可能会找平衡。范佩西本来有机会冷静下来的，他可以冷静下来思考需要做些什么。但是，他还是那么做了。我之后又找他谈了话，但是谈话内容需要保密。"

南安普敦则利用阿森纳防线的灾难性表现大做文章。在阿森纳门将延斯·莱曼（Jens Lehmann）击球解围的时候，身高达到6英尺7英寸③的南安普敦前锋彼得·克劳奇（Peter Crouch）利用身体优势，用头将足球顶进球门，帮助球队取得一场平局。

南安普敦主帅哈里·雷德克纳普（Harry Redknapp）表示，这一分是对球队的奖励。但是，阿森纳迫切需要在圣玛丽（St. Mary's）球场④带走三分。他们现在已经落后切尔西10分，而且后者还少赛一场。温格就像一位溺爱孩子的父亲去参加家长会一样，不管他们做得对还是错，赛后接受采访的时候他总会站在球员们一边。不过这场比赛却有些例外，矛头毫无疑问地指向了

---

① 意大利画家莱昂纳多·达·芬奇（Leonardo Da Vinci）文艺复兴时期的油画作品，是一幅享誉世界的肖像画杰作。

② 英国的一份小报，总部位于伦敦。

③ 原文注：约为2.01米。

④ 南安普敦的主场。

那名被罚下的球员。在雷耶斯和博格坎普缺阵的情况下，范佩西不仅需要参加这场比赛，也迫切需要得到接下来的比赛机会，但现在他却不得不面临停赛的处罚。

温格甚至在中场休息的时候就已经警告过面临刀山火海的范佩西，但是他似乎是在对牛弹琴。温格愤怒地说道："我不能支持他的做法，他知道自己应该循规蹈矩。对阵 10 人作战的球队时，最重要的事情就是不要让自己的球队也少踢一人。我之前就告诉他，主队被罚下一人的时候，主裁判会面临巨大压力，他有可能会罚下已经身背黄牌的客队球员。我绝对无法容忍范佩西的态度和行为。我们都知道他不该这么做，他这么聪明的人也应该清楚这一点。这是非常不职业的，你很难设身处地地解释他的行为。想要赢得重要的比赛，就必须在球场上聪明地踢球。"

南安普敦主帅雷德克纳普也不会表扬范佩西的行为，他认为范佩西是一名"愚蠢的球员"，让自己吃到了毫无必要的红牌。雷德克纳普在接受采访时心直口快地说道："对手拥有这么一名愚蠢的球员，这是我们的幸事。他明显已经决定让自己也被罚下，这样比赛对我们来说就更加公平了。"

永贝里并没有指责范佩西令球队失望，他表示球队迫切需要这位荷兰前锋在场上的创造力。在接受《太阳报》(*The Sun*)[①] 采访时，永贝里说道："我不会责怪范佩西，但是我们对他被罚下的事实感到失望。我们本来在人数上占据着优势，但却没有好好利用。中场休息的时候，我们特别谈到了这点，大家都知道要更加小心，不要再吃到愚蠢的黄牌。但是下半场开始 5 分钟后，我

① 英国的一份小报，在英国和爱尔兰发行，是英国销量最高的报刊之一。

们也变成了10人应战。我相信主帅会跟范佩西谈谈的。毫无疑问他是一名天才，我们需要他在场上发挥天分。但是今天最后35分钟的比赛，我们却失去了他。”

范佩西成为千夫所指，最后终于有人站出来维护他了，那就是队友阿什利·科尔。科尔承认自己过去也有类似的行为，并坚称范佩西应该将此事抛诸脑后。在接受《伦敦晚旗报》采访时，科尔说道："罗宾并没有让任何人失望。我以前也做过这样的事情，当时也希望没人指责我。在比赛环境的刺激下，这样的事情时有发生。”

不过，范佩西被罚下的时机完全不对，当时的阿森纳在锋线上已经捉襟见肘。也许温格公开批评范佩西会引起不小麻烦，也许这是范佩西听到的最糟糕的话，但是两人会很快转移注意力，把精力放在其他事情上。就像在人际关系中发生的小口角一样，温格开诚布公地说出问题，总比沉默不语要好。

而且，除了那次公开批评，温格和范佩西也有过私下交流。这位主帅喜欢和对手玩心理战，不过他似乎也想对自己的球员用这一招。

在接受《独立报》采访时，范佩西说道："他并没有大呼小叫，也没有说我做错了。他只是提出了一个问题。”范佩西回忆道："他说：‘如果你想达到顶级水平，就必须有所改变。’然后我答道：‘好的，改变什么？’他说：‘我不会告诉你，你自己发现吧。’所以我就离开了，然后问自己到底想从足球中得到什么。主帅很聪明，他觉得如果直接告诉我的话，也许过一个星期我就会忘了。如果我自己找到答案的话，也许寻找的时间会更长，但是我也会将其铭记于心。我成熟了，决定从那时开始，要为取得成功全力以赴。我要在训练场上看看年长的球员们是怎么踢球的，然后成为一位更职业的球员。”

范佩西以前在鹿特丹踢了几年街头足球，这让他的心理素质更加出色。从他被允许独自离家出门，到后来挤进费耶诺德一线队，范佩西一直在街头的水泥地上踢着激烈的足球比赛。在克拉林根的街头比赛中，只有胜者才可以继续留在场上。这也教会了范佩西如何处理压力，以及如何在压力下强化自己的心理素质。对范佩西来说，只有不断地练习才能成长为一名伟大的球员。鹿特丹的街头足球规则给予他大量机会，让他学会怎么踢比赛。

对于十几岁的孩子来说，街头足球是残酷无情的。这种比赛没有裁判，一些受人追捧的孩子会吸引自己的朋友来加油助威。这些球迷在球场边围观（有点像那些阿贾克斯球迷），寻找时机用水瓶向场内喷水，或者伸脚绊倒场上的球员。在这种环境下踢球，范佩西的心理被锻炼得无比强大。在费耶诺德生涯的末期，正是这股力量驱动着他逃出黑暗，奔向海布里球场的曙光。

范佩西表示，这种环境培养了一大批具有天赋的球员。在他成长的克拉林根区，有 7 名职业球员正是在附近的 3 条街道中踢出自己的名堂，其中一位就包括他的好朋友，效力阿贾克斯的诺尔丁·布加里（Nouredine Boukhari）。

在接受《独立报》采访时，范佩西说道："那里有很多比我出色的球员，他们的控球技术很棒，脚法令人眼花缭乱。我认识很多球技出色的伙伴，但他们的心理不够强大。当我回到荷兰的时候，他们会说：'我本该抓住机会的，但却没能把握住，可是你就抓住了，你让我引以为傲。'然后我会回答他们：'你比我要优秀十倍，但是却荒废掉了。'如果你想在足球世界中踢出名堂，必须抓住机会，保持耐心。"

这听起来有些奇怪，毕竟说出这段话的人因为一次毫无必要的铲断而吃到了红牌，耐心从何谈起？也许，范佩西对自己的看法有些偏颇。从圣玛丽球场的这次冲动犯规，到世界杯决赛上的黄牌，范佩西在职业生涯里总是给人一种浮躁的印象。也许，他当时想把这次采访当作一个转折点。虽然不成功，但至少尝试过了。

不过，每天在城市街头朝圣确实让范佩西获益匪浅，他的左脚由一把普通的次要武器变成了精准的狙击步枪。每位球员都会告诉年轻的下一代，练习是通向成功的必经之路。这一点也得到了实践的证明，荷兰国家队前主帅马尔科·范巴斯滕就被称为“黄金左脚”。

他在一段训练录像中说道：“我的左脚技术受益于街头足球。它一开始很差劲，我八九岁的时候它还一无是处。我并没有意识到自己可以依靠它。但是我喜欢比赛，所以就不停地用左脚射门，一次又一次地进球。”

这种正直诚恳的态度让人耳目一新，范佩西显然是在回顾自己的职业生涯，反思是什么让自己达到了如此高度。与那些把时间花费在电子游戏、夜店或酒店的人相比，范佩西更加脚踏实地。稍后我们会就此做出更多的讨论。

过了大概一个月，阿森纳与布莱克本流浪者（Blackburn Rovers）在联赛中交手。永贝里在赛前热身的时候受伤，范佩西临危受命。球队可用的前锋已经不多，他们的争冠希望也几乎幻灭。他们已经被榜首的切尔西拉开了13分，而且亨利、博格坎普和皮雷全部无法上场。不过，范佩西完全抢占了比赛的风头，他在上半场结束前攻进了全场比赛的唯一进球。为他助攻的是左后卫阿什利·科尔，之前在红牌事件中唯一为范佩西辩护的人。科尔将球精准地直塞给禁区前的范佩西，后者华丽地转身摆脱盯防他的后卫，随后过掉了对方门将布拉德·弗里德尔（Brad Friedel），把球送进了网窝。随后，范佩西再次获得良机，他用左脚射出一道美丽的弧线，对方的美国门将鞭长莫及，但是横梁却拒绝了范佩西梅开二度的机会。在球队 4 名球星缺阵的情况下，范佩西担起了进球重任，某种程度上也回应了温格之前对自己的批评。

范佩西的进步也许出乎温格的意料，这位主帅赛前可能还担心出现最糟糕的情况。随后接受天空电视台（Sky）[①] 采访时，温格愉快地说道："这是一场积极的比赛，我觉得球队也创造出了最好的机会。范佩西一开始并不是首发人选，但他证明自己有能力上场比赛，而且很好地把握住了机会。我们队中有一些经验丰富的球员，但是球队今天的参赛阵容很年轻。如果全部球员都回归的话，我们的阵容会很有看点。"

范佩西几个月以来的首粒进球让阿森纳重返联赛排行榜次席，他自然十分兴奋。赛后接受天空电视台采访时，心情不错的范佩西说道："我非常高兴，因为球队赢下了比赛，而且上升到了第二名，还是我进的球。我上次进球要追溯到两个月以前了。对阵南安普敦的比赛后，我度过了一段十分困难的时光，那是一张愚蠢的红牌。不过事情已经过去，对我来说今天是伟大的一天。这个月过得很辛苦，我在训练中十分努力，今天非常开心。球队年轻得令人难以置信，但是我认为我们的表现很出色。这场比赛会在心理上帮助我们备战足总杯半决赛。"

对范佩西来说，走出之前的困境实在可喜可贺。他也承认自己的红牌动作很愚蠢，并希望旧事不要重提。在队友茫然无措的时候攻进一粒关键进球，范佩西如此表现已经让温格和海布里的球迷喜上眉梢。从赛后言论可以看出，虽然范佩西还是会有头脑发热的时候，但是他已经开始成长了。

---

① 英国天空广播公司旗下的电视台，该公司是英国最大的数字电视付费运营商。

对阿森纳来说，足总杯半决赛十分关键。因为他们已经无望卫冕联赛冠军，足总杯是他们本赛季唯一可以争夺的奖杯了。上一赛季那支“不败之师”的部分成员已经离队，球队的新援还不能达到他们的高度。范佩西更多地被当作“俱乐部的未来栋梁”，如果能够赢得足总杯这项举世闻名的国内杯赛，也许他会开始踢出自己的名堂。

依据足总杯的传统，决赛一般在温布利球场举行；半决赛则是在规模比较大的俱乐部球场进行，比如谢菲尔德星期三（Sheffield Wednesday）的希尔斯堡（Hillsborough）球场，或者阿斯顿维拉（Aston Villa）的维拉公园（Villa Park）球场。历史悠久的温布利球场正在重建，世纪之初的英足总也在不断发展。因此，2005 年的足总杯决赛移师威尔士足总辖下的千禧球场。这座球场位于威尔士首府卡迪夫，两场半决赛也在这座城市举行。

在联赛的交锋当中，阿森纳已经在 8 月份主场 3 ：0 大胜布莱克本，次回合做客埃伍德公园（Ewood Park）球场[①]也凭借范佩西的进球 1 ：0 取胜。所以，此番足总杯半决赛碰上布莱克本，枪手自然被看作是晋级热门。虽然布莱克本主帅马克・休斯（Mark Hughes）让这支位于兰开夏郡（Lancashire）[②]的球队踢出了高效足球，但是遇上以踢法精致出名的阿森纳，他们很有可能面临尴尬的处境。亨利本场比赛因伤缺阵，雷耶斯因此得到了首发机会，范佩西只能坐在替补席上。

法国球员皮雷上半场近距离破门，为阿森纳首开纪录，枪手似乎已胜券在

① 布莱克本的主场。
② 位于英格兰西北部的郡，西邻爱尔兰海。

握。不过，胶着的场面却一直持续到了临近比赛结束的时候。这场半决赛的进程令人失望不已，现场观众并不多。布莱克本在中场堆积球员，试图阻止阿森纳发起行云流水般的进攻。主裁判斯蒂夫·邓恩（Steve Dunn）上半场一共给了粗野的布莱克本3张黄牌。对于无所事事的范佩西来说，这是一个令人沮丧的下午。不过他终于等到了机会，在第82分钟替下了博格坎普。他只有几分钟的时间施展才华，但却成功打进一粒极具个人色彩的精彩进球，为球队锁定了比赛的胜利。

范佩西用一记标志性的转身过掉了对方的澳大利亚后卫卢卡斯·尼尔（Lucas Neill），眼前出现了一大片空当。这位荷兰前锋加速向前，带球逼近布莱克本的球门。门将弗里德尔上前封堵范佩西的射门角度，但对方已经在受到干扰前完成射门，足球贴着地面滚向球门右下角。皮雷飞奔过来拥抱了进球的范佩西，后者高举手臂，与阿森纳球迷一起庆祝。球迷们看到一粒如此精彩的进球，内心自然欢喜不已。比赛结束了？还没这么快。

第90分钟的时候，范佩西甚至还进了个更加漂亮的球。皮雷在左路加速突破，随后把球分给中路的范佩西，荷兰人第一时间起脚射门，足球在空中飞进了球门。范佩西为这场胜利锦上添花，也证明了自己的真正实力。

他的上场时间只有8分钟，但却成功地成为主角。南安普敦的红牌事件才过去短短7周，范佩西就从众矢之的变成万人敬仰的英雄。

不过，范佩西的人生之路却难以平坦。第二粒进球刚刚入网，布莱克本的硬汉安迪·托德（Andy Todd）就向范佩西冲过来，后者吃了一肘，嘴唇也因此破皮流血。虽然没有严重受伤，但这毕竟是不幸事件，也是他这个完美下午的一点瑕疵。

比赛结束之后，托德的肘击动作便被各方声讨，他在一段时间内也成为了全民公敌。托德的名声一落千丈，还被人叫作“布莱克本的屠夫”。不过，英足总在经过彻底调查后宣布，托德并非有意做出暴力动作，这起冲突只是意外事故。

托德是一个顾家的男人，平时远离公众视野。但是在事件发生后的几个月内，他一直饱受批评。于是，这位壮实的后卫决定开口澄清。在接受《镜报》(*Mirror*)[1]采访时，托德说道:“你也看见了，这纯粹是一场意外。你可以去看回放录像，然后把画面固定在那个瞬间，看看我的手臂放在哪里。我当时转身走回中圈，但是范佩西撞到了我的肩膀，我们俩当时都只盯着足球。随后他向我冲过来，我直接向阿森纳的球员们道歉。有些人接受了，但有些人没有。

第二天我看了报纸，上面的配图很糟糕。他们挑了最差的一张，我甚至开始怀疑自己。当时我心想:‘我到底做了什么？’但是，就像你可以看到的那样，我没有挥臂也没有肘击，这就是一场意外事故。”

温格赛后向《太阳报》抱怨道:“对阵南安普敦的时候，范佩西的红牌是比赛的转折点。在那之前，他的表现一直停滞不前。之后他就改变了，我希望他永远保持现在这样。他的天赋毋庸置疑，但是他之前有些暴躁，所以在南安普敦的比赛中吃到了红牌。

他是怎么改变的？伟大的球员对比赛心怀敬意，也按照要求踢比赛。范佩西并不是总能做到这点，对他这种天赋异禀的球员来说，有时候很难做到这点。他知道自己可以耍一些不必要的小把戏。但是，范佩西现在知道要把比赛

① 全名《每日镜报》(*Daily Mirror*)，英国的一份全国性小报。

放在第一位，把自己放在第二位。”

温格的这段赛后闲谈十分经典，替补登场的范佩西在 8 分钟内连进两球，显然他只关心比赛，而不关心自己。的确，每位前锋的目标都是收获尽可能多的进球。温格再次把范佩西和年轻时候的博格坎普联系在了一起，他也正是在该场比赛中替下这位荷兰前辈，并在 8 分钟内散发出更耀眼的光芒。

阿森纳根本无法在积分榜上赶超切尔西，但是他们顶住了曼联施加的巨大压力，在赛季结束之前比对手多进了 14 球。

在对阵热刺的比赛中，范佩西的表现比较一般，但是枪手还是 1 ∶ 0 拿下胜利，在联赛中双杀了这位北伦敦死敌。联赛还剩最后两轮的时候，阿森纳主场迎战面临保级压力的西布罗姆维奇。范佩西在这场比赛中再次找回了最佳状态。温格排出了一套年轻阵容，但是这些年轻球员十分擅长踢出精彩的比赛。

客队的佐尔坦・格拉（Zoltan Gera）先给阿森纳制造了威胁。范佩西在中场休息前踢出了一记技惊四座的凌空抽射，但是对方门将罗塞尔・霍尔特（Russell Hoult）做出了精彩扑救。不过当比赛进行到第 66 分钟的时候，这位门将就对范佩西的射门无能为力了。雷耶斯将球传给了这位荷兰前锋，后者过掉防守他的尼尔・克莱门特（Neil Clement），左脚冷静施射得分。西布朗派上了包括枪手旧将卡努在内的 3 名前锋，他们迫切希望挽回败局。但是，阿森纳利用对手留下的空当，由埃杜（Edu）接应博格坎普的传球把比分改写成了 2 ∶ 0。西布朗最终空手而归，但是他们后来却戏剧性地在赛季末轮惊险保级。

在赛季最后一场主场比赛中，阿森纳 7 ∶ 0 狂屠埃弗顿（Everton），为足总杯决赛做足了热身。这个位于默西塞德郡（Merseyside）① 的对手赛前握有 7 个净胜球，但比赛之后化为了零。比赛开始不到 10 分钟，范佩西就收获了进球，随后皮雷（2 球）、维埃拉、埃杜、博格坎普和马蒂厄·弗拉米尼（Mathieu Flamini）也加入了这场进球狂欢。

传言将在赛季结束后离队的博格坎普给范佩西送出了一记撕裂对手防线的妙传，助攻这位年轻后辈破门。36 岁的博格坎普正好把球传到了对方两名后卫大卫·威尔（David Weir）和约瑟夫·雅博（Joseph Yobo）之间，范佩西抓住机会完成了破门。

阿森纳显然愿意与合同即将到期的博格坎普再续约一年。博格坎普一直兢兢业业，在场上全力以赴，大钟看台（Clock Eng）② 上的阿森纳球迷高声呼喊着“再踢一年”。博格坎普此刻离队的话，会对范佩西起到决定性的影响。在青出于蓝之前，这位小将本可以向博格坎普这位大师多学习几年。

令球员和球迷长舒一口气的是，博格坎普在足总杯决赛前宣布至少再踢一年。队长维埃拉知道博格坎普的留队对范佩西有多么重要，他在足总杯决赛后说道：“这对我们来说非常重要，因为雷耶斯、范佩西以及其他年轻球员可以继续向博格坎普学习。”

对于阿森纳来说，亨利就像护身符一样重要，但是他却无法参加这场足总杯决赛。于是，大赛的舞台就交给了范佩西。这本该是范佩西大放异彩的绝佳机会，但是当雷耶斯首发的消息传出后，荷兰人就像霜打的茄子——蔫了。半

① 位于英格兰西北部的郡，利物浦（Liverpool）是其中第一大城市。

② 海布里球场的其中一座看台，看台上挂着一面大钟，因此而得名。

决赛的时候，范佩西曾经在 8 分钟内成为主角。本场决赛，他在第 86 分钟替换法布雷加斯登场，但是对手曼联显然不会让他再度成功。比赛中曼联占据了场上优势，中场保罗・斯科尔斯（Paul Scholes）有过一次近距离头球攻门，前锋鲁尼的射门也让阿森纳门将莱曼做出了精彩的扑救。下半场的时候，曼联两位前锋鲁尼和范尼都曾先后击中门柱，他们本可以轻松地获得比赛的胜利。

与千禧球场的草皮条件相比，阿森纳面临的技术难题不值一提。草皮的设计原本是为了排除恶劣天气的影响，但是那些草块却十分松动，而且无法阻挡暴雨的冲刷。

阿森纳的表现非常平淡，比分仍然维持在 0 ： 0。于是，比赛被拖进了 30 分钟的加时赛。加时赛刚开始后不久，范佩西就罚出一记任意球，迫使对方门将罗伊・卡罗尔（Roy Carroll）做出扑球。值得一提的是，这是阿森纳本场比赛目前为止唯一一脚命中门框范围的射门，可见枪手的表现有多么糟糕。这粒任意球源于范佩西对曼联防线的威胁，他迫使对方后卫米卡埃尔・西尔维斯特（Mikael Silvestre）做出糟糕的抢断，并为本队赢得了任意球。替补上场的范佩西迫切地希望复制半决赛的奇迹，但是来自北爱尔兰的卡罗尔随后再次扑出了范佩西的射门。

加时赛即将结束的时候，雷耶斯头脑短路，肘击了对方的克里斯蒂亚诺・罗纳尔多（Cristiano Ronaldo）并被罚出场。范佩西没能首发的确有点奇怪，因为雷耶斯本场比赛表现平庸，而且还用红牌“回报”了温格的信任。两队换上的新鲜血液也无法改变场上比分，互为死敌的阿森纳和曼联在 120 分钟内难分胜负。足总杯决赛历史上第一次迎来了点球大战，两队将通过这一残酷的方式决定奖杯归属。英格兰的球员压力特别大，因为他们的点球大战成绩并不是很光彩。英格兰队在世界杯和欧洲杯上都曾经在点球大战中被淘汰。

范佩西则可以得心应手地应对这种情况——压力落在每位主罚点球的球员肩上，全世界都在关注着他。在莱曼挡住斯科尔斯的点球后，范佩西轻松将球踢进球门左上角，帮助阿森纳取得领先。随后，双方所有球员都罚中了点球，这也意味着阿森纳以 5 ： 4 的比分夺得了足总杯冠军。范佩西在常规比赛中的努力也许无法换来进球，但是他在点球大战中破门，帮助球队将奖杯带回海布里，他也在自己的处子赛季收获了一座冠军。

阿森纳的巴西球星埃杜原本被安排去踢点球，但是他最后时刻退出，把机会留给了范佩西。虽然这位 20 岁的荷兰前锋此前没有为阿森纳罚过点球，但他是那种迎难而上的人，并不会知难而退。范佩西主动申请去主罚点球，这也向温格表明了他是多么渴望证明自己之于阿森纳的价值。

在接受《伯明翰晚邮报》(*Birmingham Evening Mail*)①采访时，范佩西说道："埃杜告诉教练自己信心不足，然后我就说'我很有信心，让我来吧'。主帅答道，'好吧，你去罚'。虽然我看起来不紧张，但是其实紧张得双腿发抖。"

虽然双腿发抖，但是范佩西没有给卡罗尔任何机会，他罚出的点球飞进了球门上角。对他来说，这是一个梦幻般的时刻，也证明了罗利球探没有看走眼。显然，范佩西在重压环境下依然应对自如。近几个赛季饱受争议的维埃拉为球队罚进了制胜一球，他表示心理强大是赢得点球大战的关键。

阿森纳球员们欢呼雀跃地庆祝着，他们能够将奖杯带回家真的要谢天谢

---

① 英格兰伯明翰市的一份小报，现改名为《伯明翰邮报》。

地。枪手自始至终都被曼联压制着，但却幸运地获得了胜利。

温格也盛赞了球员们的心态，他承认球队在 120 分钟的比赛中表现得并没有对手出色。他说道:“曼联创造出了 4 次黄金机会，他们的表现也很优秀。我们凭借着强大的心理素质和韧性才拿下比赛，而不是靠常规的赢球方式。虽然我们本可以表现得更加出色，但是最重要的是把奖杯带回家。”

这也是范佩西给枪手带来的积极影响。成长于鹿特丹的街头，与死敌阿贾克斯较劲，正是这样的经历让范佩西在压力巨大的点球大战中表现得从容淡定。同样是面对压力，雷耶斯却让自己吃到了红牌。这一行为只会让范佩西获益，下赛季荷兰人在温格心目中的顺位也会提前。

范佩西表示，足总杯冠军对他来说有着深远的意义。回顾这场胜利时，他说道:“球队上赛季也赢得了足总杯冠军，这对我来说同样重要，因为每一位荷兰人都开始认识到这项赛事的精彩程度。不过，联赛冠军同样重要，我也希望在联赛中夺冠。队友们都相信，我们可以赶上切尔西并夺得冠军。”

范佩西在英格兰足坛的首个赛季的确值得回忆，他的名字也多次被足球评论员以及球迷提起，不过这并不总是好事。范佩西赢得了足总杯冠军，也在那场破纪录的欧冠大胜中取得进球;不过，他也在圣玛丽球场吃到了愚蠢的红牌，还在 M25 高速公路上发生过车祸。他已经颇有收获，但依然渴望在欧冠联赛中更进一步，并举起英超冠军奖杯。

范佩西远非完美之人，但是你不能指望年纪轻轻的他达到成品的水准。他还处在上升期，温格的目光也很长远，他并不想不惜一切代价急于求成。还有什么比阿森纳更合适的成长环境吗？将范佩西从鹿特丹解救出来的时候，枪手就清楚自己得到了什么——一颗尚需打磨的钻石，以后可以镶嵌在皇冠上。

之前一个赛季的辉煌成就给球队设立了高标准，阿森纳本赛季的表现难称优秀，但范佩西依然收获了一座在世界范围内享誉盛名的奖杯。此外，正是他在半决赛中攻进两粒至关重要的进球，帮助球队淘汰布莱克本进军决赛。

博格坎普是荷兰足球历史上最有天赋的球员之一，他就像一位备受尊崇的魔法师。他已经准备好将足球知识传授给年轻的后辈，也十分乐意这么做。对于范佩西来说，能有一位这么支持自己的同胞也是荣幸之至。发生车祸之后，如果不是“冰王子”① 向警察解释情况，事情可能会朝不同的方向发展。毕竟在撞坏中央隔离带之后，把车子遗弃在现场并不是什么明智之举。这可是违法行为，范佩西可能会被法院严惩。

阿森纳不遗余力地帮助这位外援尽快适应新国家的生活，这一“善后服务”显然也帮助了范佩西在英格兰站稳脚跟。在其他俱乐部，球员们的生活也许是交给经纪人打理。如果他们采取主动的话，阿森纳在这方面显然处于领先地位，他们的新援也可能更快地奉献出精彩表现。比范佩西早几个月加盟的法布雷加斯就适应得很好，他对球队的贡献十分巨大，而且 18 岁的他有着与年龄不符的成熟表现。

对范佩西来说，这的确是收获颇丰的一年，他在 2005 年 6 月初的时候上演了荷兰国家队处子秀。范佩西对国家队主帅并不陌生——AC 米兰（AC Milan）及阿贾克斯前球星范巴斯滕。当初在费耶诺德等着阿森纳前来拯救自己的时候，当初被阿贾克斯球迷攻击的时候，正是范巴斯滕将范佩西从冲突中解救出来，让他避免了被打受伤的危险。

---

① 博格坎普的昵称。

在征召范佩西之后，范巴斯滕盛赞温格把任性的范佩西从废墟中解救出来，给了这位球员新生。虽然曾经被誉为荷兰最有前途的天才球员，但是在英格兰的这一年来，范佩西几乎已经被祖国遗忘。范巴斯滕和温格也即将开始展开密切交流，他们会通过短信联系，告知对方球员们的近况。

约翰·克鲁伊夫（Johan Cruyff）曾经是荷兰最具盛名的球员，20 世纪 70 年代的时候，荷兰国家队以全攻全守而出名，克鲁伊夫正是其中的一员。他的言论极具分量，范佩西在费耶诺德崭露头角的时候，克鲁伊夫就曾说过这位小将是最耀眼的希望之星。荷兰国内已经把范佩西的亮眼表现忘得差不多了，但是范巴斯滕一直在关注着这位没落的王子。

在范佩西上演处子秀之前，范巴斯滕说道："罗宾在训练中的表现非常出色，令人不可思议，他已经完全改变了。你可以对比他去年在国内和今年在阿森纳的表现，他从温格身上学到了许多，也和出色的球员一起并肩作战。效力费耶诺德的时候，他的名声并不好，因为他的态度十分随意。但是，他现在有着良好的品质，将会成为一位伟大的球员。在阿森纳的时候，他意识到如果不保持职业性，不安分守己的话，自己就只能作壁上观，这会毁了自己的职业生涯。他明白是非。范佩西是一位非常优秀的球员，他将会是荷兰国家队的宝贵资产。很高兴看到他的进步，我对他很有信心。"

温格要求麾下的球员必须保持职业性，这显然也对范巴斯滕产生了影响。对于范佩西来说，这是一次文化层面的改变，也对他的职业生涯有着积极的影响。他会选择值得尊重的人，而温格显然是一位懂得尊重别人，也被别人尊重的人。年轻球员们会在长者的照看下成长，温格就像父亲一样照顾着范佩西。爱是最重要的东西，也是一位父亲最有效的表达方式。

2005年6月4日，范佩西在2：0战胜罗马尼亚的世界杯预选赛中上演了国家队处子秀。比赛进行了一小时后，他替下了范尼，并希望在剩下的半小时里给人留下印象。这几乎是一场值得铭记的处子秀，阿尔扬·罗本（Arjen Robben）的传球十分到位，但是在对方门将的干扰下，范佩西的射门偏离了目标。胜券在握的情况下，范佩西很难在比赛中留下自己的印记，大家的心思也已经飘到了几天后与芬兰的下一场比赛中去了。

对于范佩西来说，他可能对在国家队并肩作战的罗本心存芥蒂。当这两人还是青年球员的时候，克鲁伊夫就曾表示范佩西更加出色，称其为荷兰“年轻一代中最优秀的新人”。不过，范佩西后来和范马尔维克闹翻，他的转会费也只有区区275万英镑。罗本的身价则要高得多，他被埃因霍温以1200万英镑的价格出售。经过费耶诺德的闹剧之后，范佩西就被看作是更差劲的一位，他也很可能想在那位“更优秀”的国家队同胞面前证明自己。

4天之后，范佩西的出场时间进一步缩短。在1：0领先芬兰的情况下，他在第75分钟替补换下了范尼。这位效力于死敌曼联的前锋近距离破门为荷兰队首开纪录，但是直到范佩西上场后球队才真正运转起来。

作为国家队新人，范佩西和罗本的配合十分默契。他也成功助攻无人防守的德克·库伊特（Dirk Kuyt），将比分改写成了2：0。实际上，范佩西本可以自己射门，但是他看到门将出击后，选择将球传给身后的库伊特。范佩西在场上的时间只有短短几分钟，但是他随后的表现却更加出色。范佩西在底线附近护住了足球，随后带球杀进禁区中路，芬兰球员无法抵挡他的迷人舞步。在其他球员触球之前，他把球传给了队友菲利普·科库（Philip Cocu），将领先优势扩大到了三球。

接下来，范佩西亲自带球杀向芬兰队的防线，攻进了自己的国家队处子球。这就是他本场比赛在国际舞台上的精彩表演。范佩西用头把足球顶给库伊特后，后者将球回做给了高速插上的范佩西。芬兰球员疲于奔命，只能看着范佩西将球打进远角。对于范佩西来说，这是一个梦幻般的夜晚。他曾经是这个国家的弃儿，现在却以配角的身份在 15 分钟内完成主角的大戏，向荷兰球迷展现了自己的实力。

进球后，范佩西欢快地跑向场边的荷兰球迷，并展开了双臂。随后他转过身，用手指着后背，球衣上印着自己的名字。队友们也围上来一起庆祝，主帅范巴斯滕则在技术区内鼓掌示意。终场哨声响起后，球迷们高唱着范佩西的名字。要知道，没有多少球员可以在自己的第二场国家队比赛中发挥如此重要的影响，大多数球员只能在友谊赛中得到锻炼，之后才有机会参加正式比赛。但是，登上大舞台的范佩西却奉献了精彩表现，也为自己参加次年夏天的德国世界杯赢得一丝机会。不过，球队首先要取得参赛资格。

在赛后的新闻发布会上，范巴斯滕并没有过度表扬这位新人。相反，同样替补上场的赫德卫格斯 · 马杜罗（Hedwiges Maduro）却成为了谈论的话题。主帅表示，他的球队比芬兰队表现更加出色。不过，范巴斯滕后来还是谈到了范佩西，他认为这位前锋在离开阴云笼罩的荷甲之后，英超的处子赛季让他成熟不少。

可以理解的是，在经历 15 分钟的高光表现后，范佩西的心情十分愉悦。他说道："我感觉棒极了，踢了 15 分钟就收获了 2 次助攻和 1 粒进球。我非常高兴，现在我们要为在德国进行的比赛做准备。"

范佩西是时候对上赛季进行回顾和总结了，从赛季初经历种种麻烦，到赛季末在卡迪夫和赫尔辛基（Helsinki）[1]收获胜利。也许，范佩西的职业道路并没有如自己想象的那般顺利，但是他也已经收获了联盟杯冠军和足总杯冠军。他已经闯进了荷兰国家队，也有着出色的开局表现，或许也已经开始为进入世界杯大名单而奋斗。

此前一个赛季，阿森纳的表现非常强势，但是如今他们的夺冠机会却变得渺茫。显然，温格今年夏天也会有所行动。很难说清这些转变对范佩西来说意味着什么，他会为一支更加出色的球队效力？还是被新人挤出阵容？他和雷耶斯之间的竞争已经十分激烈，不过两人在足总杯决赛上的迥异表现（雷耶斯吃到红牌，范佩西罚进点球）或许会让范佩西获得第三出场顺位，前两位自然是亨利和博格坎普。如果在2005—2006赛季表现出色的话，范佩西还可能接过博格坎普的衣钵，成为枪手的主力前锋。

事情的进展十分顺利，范佩西自然想久留于海布里。在接受《人民报》采访时，他表示赛季结束离开俱乐部的时候，他才意识到自己的处子赛季是多么出色。范佩西说道："范巴斯滕说我进步了不少，他这么说是对的。我对自己在阿森纳和荷兰国家队的处境感到十分满意。可以预想到的是，我会长时间地效力于阿森纳。我和俱乐部还有三年合同，我们必须看到这一点。我可以从博格坎普身上学到很多东西，很高兴他和俱乐部续约了。他是一位梦幻般的球员。对于年轻球员来说，获得稳定的出场时间十分重要。最后这两三个月，我在阿森纳获得了许多出场机会。"

---

① 芬兰首都。

第三章　危机时刻

范佩西的英超处子赛季既漫长又艰辛。在回归阿森纳进行季前备战之前，他终于得到了几周的休息时间。他告诉荷兰记者，自己希望和妻子布切拉好好休息一段时间，卸下过去几年施加在他身上的压力。他说道："我之前有太多的事情需要处理。在这一年里，我结了婚，去了国外，为阿森纳踢球，为国家队效力。我的压力实在太大了。"

荷兰获得预选赛小组第一名后，范佩西自然十分兴奋，他也和国家队的队友们一起出去庆祝。他的兴致很高，可惜却乐极生悲。在饱受压力的情况下，人们往往会做出一些平时不会做的事情，罗宾和布切拉应该明白这个道理。

对于范佩西来说，去年夏天回到阿姆斯特丹的那次经历并不美好；但这次重返自己的出生地，却比上次还要糟糕百倍。2005 年 6 月 13 日，星期一，范佩西涉嫌强奸被捕。这是极其严重的事情，他的阿森纳生涯蒙上了一层阴影，球迷们也迫切想知道其中的细节。

据悉，范佩西因为周末在鹿特丹发生的事情而被逮捕和拘留。在接受英国广播公司电视台（BBC）采访时，检察院办公室的一位女发言官说道："由于涉嫌参与周末发生的一起强奸事件，范佩西于周一被捕。我们不能公布任何细节，荷兰的司法系统和英格兰不同。"

一旦罪名成立的话，范佩西可能面临最高监禁 12 年的处罚。他将被拘禁在诺德辛格尔监狱（Noordsingel Jail），这座位于鹿特丹的监狱有着超过 100 年的历史，而且人满为患。过去数月，荷兰公众本来就已经让范佩西痛苦不堪；如果把他和这个国家的囚犯们关在一起的话，事情可能会变得更加糟糕。要是在监狱里遇上阿贾克斯球迷，这回可没有范巴斯滕保护他了，他可能会每天都在打斗中度过。

20 世纪 90 年代初期，阿森纳传奇托尼·亚当斯（Tony Adams）曾经因为酒后驾驶被判刑 4 个月。此事轰动一时，他也服了 2 个月的刑。范佩西此前已经出过车祸，虽然当时没有什么影响，但现在却可能在审讯中成为他的污点。之前的事故是被媒体挖掘出来的，范佩西多年来一直给人留下“坏男孩”的印象，法官很可能会参考这一点。

在温格 1996 年接手阿森纳之前，枪手的情况和现在十分不同：球员们深谙“酒吧文化”，其中一部分也和法律打过交道。司职中后卫的亚当斯曾是俱乐部和国家队的队长，被判入狱的时候，他和一位热刺球迷关在了一起。那位球迷显然哀怨不已：“真是噩梦，作为堂堂热刺球迷，居然和你同一间牢房。”如果范佩西的狱友是阿贾克斯球迷的话，对方可能会用更恶毒的言语来招待这位前费耶诺德球员。

在接受荷兰电视台采访时，范佩西的律师亚伯拉罕·莫兹科维茨（Abraham Moszkowicz）表示，这位荷兰球星很快会因证据不足被释放。他说道：“我知道那位年轻女士在担心什么，但恕不相告。而且，我对她所说的故事的真实性打一个大大的问号。”

荷兰 U21 主帅福佩·德哈恩曾指导过年轻的范佩西，他告诉荷兰 ANP

通讯社[①]："听到这则消息的时候我大为震惊，也有些难过，但还是不要妄下定论。"

据悉，该事件的发生时间是在 6 月 11 日，星期六晚上，地点在某酒店的房间里。范佩西和他的两位朋友曾到过该房间。女主角桑德拉·博玛·基里格斯曼（Sandra Boma Krijgsman）22 岁，拥有荷兰和尼日利亚血统，曾是一名脱衣舞娘和钢管舞者，也获得过选美大赛冠军。桑德拉宣称，她和范佩西在市里一家叫作"巴哈海滩"（Baja Beach）的夜店里交谈甚欢，两人随后去了酒店房间。据《太阳报》报道，桑德拉表示自己在房间里被上下抚摸，随后被拖进浴室强暴。

律师莫兹科维茨表示，范佩西在牢房里被审讯了 45 分钟。他表示当天晚上自己和桑德拉去了鹿特丹的几家高档酒吧，其中包括一间著名的鸡尾酒吧。但是，他否认和这位女子发生过性行为。

温格在星期二的时候上了法庭，不过他不是去帮范佩西。温格是去高级法院担当米内罗竞技（Atlético Mineiro）的证人，这家巴西俱乐部是阿森纳中场吉尔伯托·席尔瓦的老东家，他们在和两位经纪人打官司。对温格来说，这段时间他的压力很大。这位主帅本应好好总结回顾上个赛季，但现在却被麾下两位球员的官司困扰着。

根据荷兰法律，因涉嫌犯罪被刑事拘留的最长时间是 3 天。范佩西在牢里待足了 3 天，他也希望能立刻被释放。不过事情却进一步恶化，控方又成功申请了更多时间，以进一步调查案件。在这段时间内，阿森纳一直保持缄

① 荷兰最大的新闻通讯社，也是荷兰的国家通讯社。

默，不过俱乐部高层肯定在商讨如何应对不同的审判结果。

检察院的一位女发言官表示："出于进一步调查案件的目的，以及考虑到案件的严重性，我们向法官申请延长拘留时间至 14 天，对方已经同意。"

律师莫兹科维茨一直坚称，范佩西并没有与那位选美皇后发生性关系。他告诉记者："范佩西否认与该女子发生任何性行为，什么事情都没有发生。"

被拘禁的这两个星期，范佩西一定想到了那些不堪设想的后果：如果自己罪名成立，在铁窗里服刑的话，该怎么办？几个星期以前，他才刚刚举起足总杯冠军，穿上国家队的橙色战袍，现在却进了监狱。回到海布里球场，参加季前拉练，这些似乎都已变得遥不可及。在指控尚未成立的情况下，他的拘留时间还可能被延长到 4 个月。这将对范佩西的职业生涯产生极其严重的负面影响，要知道下赛季是取得突破的关键。

从养尊处优的顶级球员沦为暂时的阶下之囚，这简直是晴天霹雳。范佩西把这段苦不堪言的监狱生活称为梦魇。他承受着突如其来的一切，包括贴在自己身上的那张"强奸犯"标签。他说道："狱友们大吵大闹，快把牢房给掀了。他们就像困在笼子里的野兽。监狱看守告诉我，他已经在那里工作 7 年了，但从来没有见过这种场面。由于一位女士的错误指控，我不得不经历这一切。"

狱友们的反应实在太夸张，监狱看守只能把范佩西单独监禁，以确保他的安全。范佩西之前和妻子布切拉住在郊区的豪宅里，现在却只能挤在一间 7x12 英尺（约为 7.8 平方米）的牢房里，角落处还有个厕所。他被禁止与外界接触，这让他十分沮丧。一位路过的看守表示，范佩西的阿森纳和荷兰国家队生涯已经结束。不过，这正是转折点所在。

范佩西说道："是的，全世界都觉得我完了。好吧，一切从现在开始改变。

这样的看法激励了我，让我变得更加强大。我心想，‘我会证明给你们看，谁才是最强大的’。我也十分清楚一点，离开这座地狱的时候，我的心理素质会更加出色，我也会变成一位顶级球员。”

范佩西被困牢笼之中，不知何时才能出去，对未来感到惶恐不安。这段痛苦的经历的确磨砺了他的意志。

不过，事情却继续往更糟的方向发展。一名女子告诉媒体，自己之前在鹿特丹的夜店里见到范佩西。夜店里的女服务生穿着比基尼，而不怀好意的范佩西在和两名女子调情。虽然这位爆料人并没有给故事添加多少猛料，但报社自然不会放过添油加醋的机会。

这名爆料的女子名叫娜塔莉·弗洛伊盖德海奇（Nathalie Vroegindeweii），芳龄 20 岁。她告诉《太阳报》："我看见他在酒吧里，和两个女孩一起。他们在那里卿卿我我，但并没有做非分之事，只是在调情。"

球场上的范佩西并不擅长防守，但他那位高级律师在这方面显然经验丰富。莫兹科维茨清楚，范佩西是时候向公众说出那晚发生的事情了。6 月 17 日，星期五，这位律师确认范佩西的确曾和两位朋友及一名女子去过该酒店。酒店名叫“郁金香”（Tulip），一晚差不多 70 英镑，离范佩西夫妇所住的豪宅不远。当被问到范佩西打算去酒店做什么时，他的辩护律师回答称，他们可能是去踢球。

桑德拉曾经是荷兰环球小姐和尼日利亚小姐，她表示其中一人藏起了自己的迷你小黑裙和衣服。

莫兹科维茨发表声明称："我所能说的是，她与两个人见了面，然后就宣称被强奸。但是，她并没有说是被我的客户强奸，甚至没有提名字。她只是说，有人和她开玩笑，偷了她的衣服。

她当时十分不安，并不觉得好玩。如果被强奸了，她应该会报警，但事实上她没有这么做。她只是因为衣服被偷而感到不安，然后就宣称被强奸了，并描述了事情经过。但是，我不能透露任何细节。”

莫兹科维茨曾经辩护称，范佩西并没有与该女子发生性行为。不过，他现在的说辞是“关于他们有没有发生性关系，我不发表评论”。

范佩西的法律团队开始败坏桑德拉的名声，称其不是“英国女王”，但是却无法为这位球员提供一套连贯的辩词。有报道称，布切拉依然站在范佩西这边，不过她的丈夫现在已经承认和一位曾当过脱衣舞娘的女子去了酒店。显然，这对他们的婚姻关系绝无好处。

6 月 18 日，星期六，《每日星报》(*Daily Star*)[①] 将范佩西评为“本周最傻之人”并解释称，虽然他们并没有说范佩西是否有罪，但后者却把自己往争议的漩涡里面推，他应该学会如何置身麻烦之外。

第二天，桑德拉打破近日的沉默，抱怨范佩西的律师团队捏造故事抹黑自己，并否认自己是夜店舞娘。她表示自己通过模特工作获得经济来源，并用这笔钱维持学业。

在接受《太阳报》采访时，桑德拉说道:“他想要污蔑我的名声，这是他保护自己的唯一手段。我对发生的事情一清二楚，只希望司法公正。我并不是毫无尊严的夜店舞娘，那些关于我的故事都是错的。我已经读了好几年的旅游专业，并参加了空姐培训。”

---

① 英国的一份小报。

范佩西的律师团队一直抓住“桑德拉因恶作剧而生气”这个点不放。他们说道：“这么说吧，她感觉自己并没有被尊重。不过考虑到她的名声，当范佩西和朋友邀请她去酒店时，她应该知道自己想从中获得什么。她加入其中是有原因的。”

在被指控的这些日子里，范佩西一直孤单地苦撑着。坐牢的时候，没有多少人站出来对他表示支持。他就这么在监狱里待着，甚至都还没被定罪。阿森纳、妻子布切拉以及父亲鲍勃都保持沉默，这样显然无法安抚范佩西的情绪。温格后来承认，他十分担心这位年轻球员的前途，但他当时却一直闭口不谈。

荷兰的司法系统和英国有很大不同，英国采用的是“无罪推定原则”，即未经审判定罪之前，推定被告无罪。范佩西在监狱里待了整整两个星期，并一直担惊受怕，对未来感到迷惘和不安。

在接受《太阳报》采访时，运动心理学家威姆·凯泽尔（Wim Keizer）表示，有些球员很擅长处理一夜成名之后带来的压力。他认为范佩西是那种把足球当成宇宙中心的人，并对他因为这样的事情被捕而惊讶不已。凯泽尔说道：“罗宾的性格比较复杂，但他的生命中除了足球别无他物。我对他面临这一指控感到十分惊讶。”

当被问到酒店里可能会发生什么事情时，布切拉表现得很谨慎。比起那名陌生女子，她更相信自己的丈夫。显然，她迫切希望这一切尽快结束。最后当布切拉出庭的时候，她甚至在法官宣判之前就含泪离开了。

布切拉说道：“我不想揣测酒店里可能发生的一切，我只想说自己百分之两百支持罗宾。我不认识那名女子，也不想知道关于她的任何事情。”

布切拉随后解释称，她和范佩西外出的时候，也会有大胆的女孩在她眼皮底下搭讪她的丈夫。布切拉发表了一份非常成熟的声明，宣称自己清楚球员们在夜店会做什么事情，但她相信自己的丈夫。女孩们会发现范佩西对自己不感兴趣，随后便会把目标转移到眼前的其他球星。布切拉还称，范佩西总会露出自己左手上的婚戒，表明自己的已婚身份。

布切拉说道："我完全清楚夜店里的那一套。不管什么时候，只要我和罗宾出去玩，总会有女人想对他投怀送抱。即使我就站在他旁边，她们也不会收敛。罗宾只会笑一笑，然后秀出自己的婚戒。"

虽然范佩西一开始告诉律师，自己并没有与桑德拉发生关系，但他后来还是改口称两人睡在了一起。布切拉面临两个选择，是要惩罚出轨的丈夫，还是大度地原谅他?

范佩西在牢里显然十分记挂着布切拉，他或许会担心，自己出狱后这段婚姻会走向何处？妻子公开选择相信自己所说的话，这或许意味着婚姻还有救。但是在获得自由之前，范佩西无法真正理解妻子这段时间的感受。

两人认识之初，布切拉的父母就警告自己的女儿，范佩西是个麻烦人物，让他们不要走得太近。抛开爱情不谈，布切拉本可以和收入数百万的球员一起过着更轻松的生活，虽然她有时候的确不得不隐瞒问题。

有时候，正是这样的事情让一个男人真正成长起来。确实，温格在回顾这件事的时候也说，范佩西之后变得更加成熟和强大了。也许从长远来看，这次强奸指控可以让范佩西成为一个更加强大的人，让他得以从生死边缘逃出，继续过着正常的生活。不管是在荷兰还是英格兰，面对激烈的环境和德比比赛，范佩西都能够从容应对，但这次的困境完全是另一回事。

如果面临失去心爱之物的危险，那么你会比以往任何时候都更加珍惜它。

同样，曾经支持的俱乐部走到消亡的边缘时，那些早已离去的球迷会重新拥护它。也许从现在开始，布切拉会得到更多的关注和尊重。

在南安普敦吃到红牌后，范佩西凭借几次精彩的发挥重新赢回了温格的信任。但是在出轨之后，他可无法仅靠浪漫的举动来赢回妻子的心。这次的强奸丑闻无疑让范佩西形象严重受损，他也给公众留下了极其不忠的印象。对于妻子布切拉来说，这也是一次堪称耻辱的经历。

有报纸称，阿森纳打算在夏季转会窗签下 3 名球员，这对于范佩西在阿森纳的前途来说可不是好消息。当枪手与皇马攻击型中场古蒂（Guti）联系在一起的时候，希望范佩西并不知情。

强奸丑闻的当晚，范佩西曾和两位朋友一起出现在酒店房间里。6 月 22 日，星期三，其中一位朋友向媒体爆料。他宣称桑德拉整晚都在提出一些“调皮的建议”，他们也想看看这名女子是否言行一致。

这位朋友维护了范佩西的清白之身，但他认为警方并不会相信自己的话，因为事发的时候他已经睡着了。他说道：“我认为罗宾是清白的，百分百确定。但是当我告诉警察的时候，他们问我：‘你当时睡着了，不是吗？’”

这位匿名的朋友也是一位球员，他对于范佩西异性缘的看法也和布切拉一致。他说道：“在那种地方，罗宾的异性缘实在太好了，总是吸引女人的注意力。那是某个星期天早上，我们当时正靠在吧台边，然后桑德拉就突然出现了。她马上就贴了过来，然后开始和罗宾搭讪。罗宾也一如既往地礼貌回应。随后我们又去了楼上，在安静的环境下聊天。我们已经很久没有见面了，感觉像回到了从前。然后桑德拉又出现了，她跟范佩西耳语。她表现得十分厚脸皮，很明显是对罗宾有所企图。”

根据这一说法，桑德拉这位曾经的选美冠军似乎并不是什么羞涩女子。如果情况属实的话，她也许会后悔自己对范佩西表现出如此态度了。当她的住址被公之于众后，每时每刻都有记者想上门采访。如果范佩西和他的朋友们真的只是想在酒店房间里聊足球，那么事情已经演变成了一场闹剧。

范佩西的朋友说道："我们坐在沙发上聊着关于足球的话题，电视也开着，然后桑德拉开始大呼小叫，感觉非常奇怪。我们抬头向上看，发现她没有穿裤子。她说她烫到了自己，烟头不小心掉到大腿内侧了。她或许并没有得到太多的关注。"

范佩西为期两个星期的牢狱生涯即将结束之际，温格以 700 万英镑的转会费签下了斯图加特（Stuttgart）球员亚历山大・赫莱布（Alexander Hleb）。枪手的阵容本来就已经趋近饱和，现在范佩西将面临更加严峻的竞争。

在范佩西面临审讯之前，阿森纳终于对他们的球员表达了支持。俱乐部副主席大卫・邓恩（David Dein）以及俱乐部律师安德鲁・乔利（Andrew Jolly）找范佩西的律师莫兹科维茨谈话。如果范佩西在 6 月 27 日的听证会上被指控强奸，他的护照会被警方扣留数月，直到审讯结束。如果这样的话，范佩西就无法回到英格兰与阿森纳一起备战新赛季，也可能错过英超联赛的开局阶段。

这也就意味着，除非法院完全撤销对范佩西的指控，否则这位荷兰前锋可能再也无法为阿森纳效力了。范佩西可能缺阵数月，温格可等不起，他也一定会寻找替代人选。范佩西加盟枪手之前名声就不太好，现在又在场上场下把自己搞得声名狼藉。

范佩西的律师依然保持乐观，并宣称他将在星期一的听证会呈上新证据。

他说道："阿森纳完全相信他们的球员，对范佩西大力支持。他被禁止看报纸，也不能和家人、朋友和狱友说话。他是一位知名球员，已经引起了媒体的广泛关注。警方担心，报纸文章或电视节目会影响到他们的审讯。"

此外，费耶诺德球迷也开始对范佩西表示支持，他们担心这位旧将的心理状态。其中有位名叫约翰・范莱文（John van Leeuwen）的球迷告诉《每日邮报》（*Daily Mail*）[①] 的记者："那座监狱被叫作温室，因为里面很热。范佩西每天只有一小时的放风时间，而且还是在一个大笼子里，其余时间都被关起来了。我们很担心他的心理状态，因为在判定是否有罪之前，他已经承受了很多。"

离开这家鹿特丹俱乐部的时候，范佩西已经失宠，但球迷们现在还站出来维护曾经的球员。可以理解的是，范佩西已经在这座叫作温室的监狱里感受到了盛夏的炎热。但是如果能听到监狱外那些支持自己的声音，他一定可以振作起来。他不能看报纸，所以并不清楚媒体对自己的看法。如果知道老东家的球迷在支持自己，范佩西可能会对生活重燃希望，了解到并不是全世界都在针对自己。

监狱官员禁止范佩西看报纸，这其实是一件好事，因为《每日快报》在审判日之前刊登了一张气氛非常阴郁的照片。一个名叫柯・赫灵曼（Cor Hellingman）的人十分了解体育名人的法律案件，他推测在指控尚未成立的情况下，范佩西还可能被额外拘留 3 个月，甚至在牢里待上一年，等待审讯的到来。

---

① 英国一份全国性的小报，面向中端市场的读者。

这可能取决于法院的风险评估，他们将衡量范佩西再犯或者逃罪的可能性。他可能在这段时间内被放回英格兰，但这种情况存在风险。6月27日，法院将范佩西释放，这位球员终于长舒了一口气。不过，他还是担心无法洗清罪名。

司法部门的一位女发言官说道："范佩西依然可能被起诉，我们之后会采取相关决定。调查仍在继续，但没有必要继续拘禁他了。他现在并不会受到限制，可以去任何想去的地方。"

没有保释条款，这意味着噩梦终于结束。现在，范佩西可以在7月19日的时候与俱乐部队友会合了。在狭窄的牢房里度过数周，每天只有一小时的活动时间，此时的范佩西可能并不在最佳状态。但最重要的是，短期内他获得了自由。他的这个暑假可谓"精彩纷呈"，这一经历自然也会被队友们当作笑谈。虽然这并不是最佳的度假方式，但能够获得暂时的自由，他已经很知足了。

当范佩西走出监狱大门的时候，布切拉正在等着他。妻子在这件事情上一直对自己全力支持，此情此景就像一部电影的大结局。但是，当布切拉责怪起他的时候，范佩西感觉又回到了现实中来。夫妻俩离开了荷兰，飞回位于伦敦的家。他们需要时间好好回顾发生的事情，然后还要考虑未来。

布切拉并没有立即透露两人回到家之后发生的事情，直到2009年5月才在媒体面前提起旧事。她说范佩西显然犯下了大错，自己听到新闻的时候脸色铁青。布切拉表示，她本可以将这件事抛在脑后，重新找一位伴侣。如果两人不是对方初恋的话，她很有可能就这么做了。和许多球员妻子不同，布切拉并不热衷于嫁给球员。

布切拉的母亲一早就反对这段感情，但最终也还是接受了。布切拉认为球员在感情方面比较随意，她可能处理不好这段关系。不过，范佩西虽然有着令人讨厌的缺点，比如性格复杂、麻烦不断，但毕竟瑕不掩瑜，他也是一个体贴诚实的男人。

在接受《太阳报》采访时，布切拉说道："当时我很容易就抛下他了，我真的非常生气。我可以继续自己的生活，然后找其他男人。但我不想这么做，因为我们这段感情非常特别。我觉得世界上再也没有像罗宾这样的人了。每个人都应该被允许犯一次错。

这听起来或许有些奇怪，但经过那件事后，我们的感情反而更好了。我们两人都表现出了自己最好的一面。那是一个突破点，到底是中断关系，还是继续下去？他是我的第一位男朋友，我也是他的第一位女朋友。我们每天会一起起床，罗宾会做早餐给全家人吃，之后我们会洗鸳鸯浴。他是一个老实人，非常有爱心。"

范佩西是最新一位与强奸案扯上关系的英超球员。此前也有数位球员涉事，但无一获罪。有人分析是那些女孩只想借此大发横财或者成名，也有人说只是因为球员们可以花大钱请高级律师团队。

2003 年，利兹联（Leeds United）中场乔迪・莫里斯（Jody Morris）和一位朋友被指控强奸一名女子。两人也是在酒吧相遇，但后来对方撤诉了。一年之后，莱斯特城（Leicester City）球员保罗・迪科夫（Paul Dickov）、弗兰克・辛克莱尔（Frank Sinclair）以及凯斯・吉莱斯皮（Keith Gillespie）被刑事拘留 6 天，原因是他们被控诉在西班牙集训营里发生强奸行为。不过，这 3 名球员最终也是无罪释放。现在，范佩西也是这份名单上的一员，他被证实遭到错误指控。

从 20 世纪 90 年代以来，球员的工资水涨船高，名气也越来越大。有更多的人想和他们拉上关系，有些女孩梦想成为球员的女朋友和妻子。范佩西躲过了这一陷阱，选择和青梅竹马的布切拉结婚；但他却没有逃过另一个陷阱，在桑德拉身上栽了跟头。

虽然没有被定罪为强奸犯，但他的确出轨了。

第四章　触底反弹

范佩西下定决心，2005—2006 赛季要在阿森纳阵中成为更重要的角色，他也承认自己前一个赛季不够稳定。他说许多年轻球员都会在一场比赛中有特别炫目的发挥，但紧接着下一场默默无闻，而他希望能跳出这样的怪圈。他这么说没错，因为打出一次让人充满希望的表现是一回事，能够保持稳定出色的发挥、让队友觉得可以依靠又是另外一回事。

在接受《独立报》的采访时，他说自己知道将有大把机会在英格兰足坛大放异彩："在英格兰比赛很多，重头戏也很多。比如说，上赛季我没有在与曼联的英超关键战中首发，但这没关系，头儿必须选择最强阵容，这不是什么奇怪的决定。"

"每一次上场，我都想为球队做点贡献，竭尽全力给人留下一个好印象。我等待着头儿的召唤，他什么时候觉得罗宾真的做好准备了就会派我上场，一切都取决于他。如果他说我准备好打重要比赛了，那我就上。"

这是向阿尔塞纳·温格适时发出的信号——谢天谢地，地狱般的暑假结束了，他很高兴回到北伦敦。显然，范佩西愿意等待自己在阿森纳的转折点的到来，而且当他表示自己理解为什么在某些比赛中被弃用时，是向主教练展现出极大的尊重。

温格多给了他一周的休息时间，好让他从残酷的考验中恢复过来，但事实上俱乐部队医担心数周以来的与世隔绝所带来的焦虑和压力会让范佩西精疲力竭。他们最不愿意做的事就是逼着他赶紧回来，一方面怕他劳累，另一方面在当时有那么多素材可供取笑戏弄他的情况下，他们也不愿意冒着局面有可能失控的风险。没让他参加夏天在阿姆斯特丹进行的季前赛是相当明智的决定，否则后果不堪设想。一年前他离开费耶诺德时情况就已经够糟糕的了，现在他被指控强奸一名年轻女性，还没有完全洗脱罪名，阿姆斯特丹大球场和周边地区真的有可能成为人间地狱。

他的父亲也同意这样的决定，他说之前罗宾还在荷兰踢球时形势已经变得很糟了，以至于不得不雇佣一名搏击手提供保护。鲍勃表示，最好还是小心为上，因为在阿姆斯特丹有些人想杀了他儿子。不幸的是，儿子被捕时这位艺术家正好有一个重要的作品展在举办；本来是庆祝他的作品得到认可的时刻，却无可避免地变成了媒体的狂欢，记者们对他紧追不舍。

足球并不值得用生命来冒险，在人生中的这个争议性时刻，去一趟阿姆斯特丹对于任何人来说都太难应对了。在人身安全的担忧面前，“我也不是吓大的”这种豪言壮语只能让路。另外，我们还要记住，季前赛是为全队准备的，而不仅仅是范佩西。如果他跟队友一起去了，那整个行程可能将变成一场闹剧。如果阿森纳在一个关键赛季前的备战被打断，温格会非常生气。

对于阿森纳来说，这个赛季非常重要，因为他们需要从切尔西手中努力夺回英超奖杯，并寻求在欧冠当中更进一步。俄罗斯亿万富翁罗曼·阿布拉莫维奇（Roman Abramovich）已于 2003 年收购阿森纳的伦敦死敌，并向俱乐部注资数亿英镑。他们“特别的”主教练何塞·穆里尼奥（José Mourinho）在执教的处子赛季就带领球队赢得英超和联赛杯冠军，阿森纳要想与土豪比肩，必须真正提升自己的技战术水平。

温格没有选择无视对手专心做好自己的事，而是抱怨切尔西干扰了转会市场，他只能从切尔西的残羹剩饭中找食吃。随着俱乐部队长维埃拉以不到1400万镑的价格转会尤文图斯，赛季备战变得更加困难。在其他球队越来越好的同时，阿森纳似乎却在转会市场上原地踏步。

范佩西错过了7月中旬与近邻巴内特队的传统季前赛，但他前往奥地利的训练营与球队会合了。强奸指控悬而未决，审判程序还在缓慢进行，这一定让他很难专心于足球。

范佩西在奥地利的时候，一名鹿特丹警方发言人表示调查正在进行，让警方给出结束的确切时间是不可能的。如果顺利的话事情将在8月得到解决，但由于还有堆积成山的案件需要处理，此事完全解决可能要到9月份了。

温格希望事情不要拖延太久，因为他知道对于任何人来说这种事都不是那么好面对的。他说："我想和伙伴们重聚对于罗宾来说很有帮助。他已经处理得非常好了，不过我觉得每天和队友们在一起可以帮助他稍稍忘掉这些。但这对于他来说永远不会是一件轻松的事。"

希望回到队友们中间能够让他陷入混乱的生活逐渐正常起来吧。数周以来，他走过法律程序，蹲过监狱牢房，为了努力挽救婚姻也许还和布切拉开诚布公地谈过，经历过这一切之后和队友们开开玩笑正符合医嘱。

他的人生导师丹尼斯·博格坎普一定在字斟句酌后对他的荷兰小兄弟讲了一番话。范佩西在M25公路出车祸时，博格坎普给予了他巨大的帮助，也许还曾给过他一些振聋发聩的建议——可能是类似"踏实低调点，孩子"这样的话。

在范佩西尽全力“处理此事”时，温格赞扬他的精神力量之强大是人们前所未见的。他解释说，范佩西所受的创伤太深，所以无法马上回归赛场，特别是在阿姆斯特丹，在那里，说他是被讨厌的对象都是最轻的。在阿姆斯特丹大球场出战会给他带来太大的心理压力，而且他的体能状况也落后于大部分队友。

温格说：“我见过许多人在监狱蹲了三天，出来以后整个人都垮了。但他回来时状态不错，而且表现得非常坚毅、谦逊，渴望拿出好的表现。虽然受到巨大的创伤，但他在逐渐恢复。我不想让他置身于巨大的心理压力之下，我更愿意让他慢慢做好准备。我百分之百支持他。我相信他会成为一名非常非常优秀的球员。”

现在范佩西具有强烈的在场上拿出良好表现的渴望，这也是温格为这名声名不佳的球员付出将近300万英镑的主要原因之一。在牢里的时候他也许想踢球想到心痒难耐，重新穿上阿森纳球衣的念想，很有可能支撑着他熬过了被囚禁在监狱里那地狱般的两周。

7月快过完的时候，随着阿森纳发布声明说他们有信心这一案件将在未来几天内完结，看起来强奸指控很快就要被撤销了。这份声明称“残酷的考验”很快将结束，并提醒球迷，范佩西一直都坚持自己是清白的。这份声明最后说：“他的妻子和俱乐部支持他，因为他们知道他是无辜的。俱乐部的每一个人都希望他能在赛季开始之时把这一切抛在脑后。他拥有坚毅的性格，正慢慢从被监禁的时光中恢复过来。”

当俱乐部发布声明安抚球迷说这一令人遗憾的事件很快就要结束时，他们一定知道一些其他人不知道的事。背上印有“范佩西”的 11 号球衣销量可能不会太好。后来内部消息说范佩西已经得知他不会因为强奸指控被起诉，只需要等待一些书面工作完成，然后就将收到鹿特丹警察局的正式确认函。

在延迟归队的那段时间，范佩西与布切拉一起去了法国南部度假，以避开多余的关注。在身体状态接近完全恢复之后，范佩西终于在客场与比利时小球会比弗伦（Beveren）的一场低调的友谊赛中做好了再次穿上阿森纳球衣的准备。

在宣布范佩西将参加这场比赛后，温格说俱乐部不得不接受他依然在接受官方调查的事实，但自己会给予他百分之百的支持，并且能感觉到他正在慢慢从事件中恢复过来。他不仅参加了这场比赛，还在博格坎普和亨利缺席的情况下以队长身份带领全队出场。他毫无疲态地打满了 90 分钟，还在这场精彩的 3 ∶ 3 平局中用两粒进球打了一场痛快的复出战。他在最后 20 分钟两度破门，重返赛场的表现令人惊艳。

再次感受到足球场上的自由一定很值得激动，后来他说：“能踢比赛，能身在监狱之外，能呼吸到新鲜空气，能和我的队友开玩笑都太让我开心了。我不觉得难过或怎样。‘太好了，’我心想，‘我自由了，做好踢球的准备了。’我再次感受到了自由。”

坐在教练席的温格一定很欣慰，他在赛后说：“因为多放了几天假，所以这是他的第一场比赛，他拥有我百分百的支持。我想不管你在生活里遇到什么样的问题，如果你还有其他热爱的东西，那它就可以帮助你渡过难关，因为你可以把注意力放在它上面。”

阿尔塞纳·温格像一位真正的智者，完美地处理了整件事，让球员在一场不太重要的友谊赛中轻松完成复出。而在范佩西如过山车一般的生活中，紧接着又经历了一个疯狂的转折——范巴斯滕召他进入了当月晚些时候荷兰与德国这场焦点战的 30 人大名单。好像还嫌最近发生的事以及他依然有可能出庭的事实不够疯狂似的，比赛将在鹿特丹进行。

将争议性人物列入大名单让范巴斯滕备受批评。范佩西并非荷兰国家队的核心，一个目前还有官司缠身的人代表国家让有些荷兰球迷觉得不舒服。有些曾犯过重罪的人也继续着他们的职业生涯——西布罗姆维奇前锋李・休斯（Lee Hughes）2004 年曾因危险驾驶致人死亡被拘捕，但 2007 年被释放后还曾代表奥尔德汉姆（Oldham Athletic）和诺茨郡（Notts County）出战过。范佩西穿上橙衣肯定不会算是多么严重的问题吧？

范巴斯滕说他只看重球员的技术，不管范佩西所面临的指控。他辩称，每个人都应该得到人生中的第二次机会："我们选择范佩西是因为他上次入选球队时给我们留下了深刻印象，无论做球员还是做人。我知道他依然是嫌疑人，但审判他不是我的职责所在。即使他被定罪判刑，我也相信每个人都应该得到改过自新的机会。"

在铁窗之内度过几周的范佩西，仅仅几个月后就得知他可能将前往鹿特丹最美丽的建筑之一——德奎普球场。好消息接踵而至，在阿森纳准备卫冕社区盾之时，温格也说考虑把范佩西列入面对切尔西的大名单。

遗憾的是，阿森纳无法与星光璀璨的切尔西匹敌，相比最终 2 ：1 的结果，蓝军的净胜球本来应该更多才对。德罗巴（Didier Drogba）向主教练穆里尼奥证明了自己的价值，开场还不到 10 分钟，他越过森德罗斯（Philippe Senderos）首开纪录。尽管赛前温格已经打过预防针，但是当范佩西下半场刚开始替换博格坎普上场时，还是出乎大家的意料。很快，德罗巴再进一球，事实上比赛已经毫无悬念，但在法布雷加斯为枪手扳回一球之后，范佩西展现出自己开始融入到比赛中的蛛丝马迹。

赫莱布在抢断方面表现不错，他为范佩西创造出了一个比较勉强的机会，范佩西不得不把腿使劲伸长才够到了这个传球，但射门稍稍偏出。切尔西的实力超过阿森纳太多，而范佩西在错过大部分的季前赛之后还有点跟不上节奏。不过没关系——赛季开始前最后时刻与英非联（non-league）球队博勒姆伍德（Boreham Wood）的友谊赛有如给范佩西打了一针强心剂，阿森纳的射手们纷纷找到了射门靴。

这是两位替补前锋——雷耶斯和范佩西之间的对决，他们要证明自己才是更好的。在这场令球网烦恼不已、总共攻入 8 球的进球大战中，雷耶斯打进 3 球，范佩西收获 2 球，阿森纳 6 ：2 获胜。范佩西的第一个进球展现了自己的机敏，雷耶斯的射门刚被挡出，范佩西毫不迟疑地起脚凌空破门。他的第二粒进球来自一记标志性的弧线射门，随后对方门将史蒂夫·科里（Steve Corry）挡出了他的任意球，使他错失了上演帽子戏法的机会——不过皮雷接到这个球一脚垫射攻破了主队大门。

这个赛季将是阿森纳在具有象征意义的海布里球场度过的最后一个赛季，搬迁至一座更大、更加现代化的球场已是势在必行。俱乐部在休赛期失去了他们的队长，但这些更年轻的球员开始令人欣喜地成熟起来，球队希望能以一个合适的方式告别这座著名的老球场。

他们需要在联赛揭幕日迎战纽卡斯尔联的比赛中取得开门红。格雷姆·索内斯（Graeme Souness）的球队开局糟糕，杰梅因·耶纳斯（Jermaine

Jenas）在开场半小时就因为对吉尔伯托·席尔瓦放铲被红牌罚下，他的铲球看上去就像一匹发狂的马乱蹬乱踢那样危险。阿森纳缺少某种一锤定音的信念，他们把球漂亮地倒来倒去，但错就错在没有抓住自己所创造的机会。

随着时间一分一秒地过去，温格换上了范佩西，他的信任得到了回报，两粒比赛尾声的进球，帮助他们在海布里取得胜利。亨利在还剩10分钟时主罚点球越过表现出色的吉文，而在比赛即将结束时，范佩西在门前为一系列精彩细腻的阿森纳式传接配合画上了圆满的句号，他也十分欢欣鼓舞。这对于他来说是让批评者闭嘴的完美方式，也说明强奸事件不会阻碍一名才华横溢的年轻球员。希望过去的就让它过去吧。

范佩西又一次替补上场扮演主角，通过这样的表现将一个可怕的夏天抛于脑后，让温格激动不已，他说："进球对于他的信心很重要，他也得到了球迷的热烈欢迎。范佩西可以成为非常关键的球员，他拥有进球的嗅觉。无论禁区内外他都可以破门。"

温格对于还未了结的案件依然十分谨慎，他说自己已经与荷兰队主帅范巴斯滕有过对话，这样他们就可以用正确的方式处理现在的局面。他说："我已经跟范巴斯滕谈过，他对范佩西评价非常高，认为范佩西将成为荷兰队最重要的球员之一。他依然没有完全恢复过来，这个案子一天不了结，他就会受一天影响。"

阿森纳主帅讲话非常小心，人们对于范佩西惊艳的复出没有太过激动也是情理之中，因为他的表现还是有可能被外力强行打断。传言说温格夏天在寻找范佩西的替代者被证明完全是无稽之谈，他说范佩西是俱乐部未来的重要组成部分。

他说："我很乐观，也对他有百分之百的信心，我一秒钟都不相信我们将会失去他。他非常努力，也拥有我们的支持，我们都站在他身后。让我们祈祷此事能尽早结束吧。"

范巴斯滕对于温格在此期间对范佩西的呵护称赞不已。国家队和俱乐部的主帅彼此充分交流，对范佩西大有裨益。两方主教练发生冲突是常有的事，所以在困境之中这样和谐的关系无异于一缕清风。

范巴斯滕说："罗宾的进步非常惊人，他比赛和训练的方式给我留下了极其深刻的印象。我从来没有对他如此满意过。我和阿尔塞纳也进行了十分深入的对话，我们都信任罗宾，我很欣喜地发现阿尔塞纳和我在带队、训练和指导罗宾方面所见略同。"

鲍勃·范佩西以手法独特的美术作品而著称，他用旧报纸旧杂志创作出拥挤的人群场面。他已经见证了洪水般的媒体关注毁掉了自己的作品展，而记者给罗宾带来的麻烦只多不少。

范巴斯滕透露，与阿森纳的协定中包括，如果要召范佩西入队，那么他不必参加新闻发布会或者与其他荷兰球员一起接受电视采访。范巴斯滕表示完全理解，他说范佩西想什么时候恢复与媒体的互动都取决于他自己。

就像最初宣布大名单时所说的那样，范巴斯滕只关心范佩西在场上表现如何："我只在乎他作为球员的表现，这个夏天他有一大堆事情要面对，他把一切都处理得非常好。我知道媒体对他紧追不舍，但大家都忘了警察还从来没有提出正式控告。所以我很同情他，也会帮助他——就像他所在俱乐部的人们所做的那样。"

如果遇到的是没那么有同情心的主教练，范佩西在那个夏天过后肯定不会恢复得那么快。温格和范巴斯滕这对好搭档精诚合作，努力想把他们共同的弟子带回巅峰。22 岁的范佩西非常清楚教练们给予他的支持，他告诉他们，自己感激他们付出的努力，换了别人在这种情况下可能会袖手旁观。范巴斯滕允许范佩西在代表国家队比赛时避开媒体的聚光灯，范佩西说这位阿贾克斯和 AC 米兰前射手提供给他这样的保护让自己感觉很幸福。

尽管一切不算尽善尽美，但范佩西把注意力都放在足球上，想尽力继续过正常的生活。高水平比赛一个接一个源源不断地到来，肯定有助于他的思绪从烦恼中解脱出来。他说："我想度过一个愉快的假期，但事与愿违。我是有麻烦，但我现在正专注于足球。我从来没想过窝在英格兰不为荷兰队出战，我有一个目标，只有为荷兰队效力才能实现它。我很满意现在事业发展的方向。"

当阿森纳和切尔西在斯坦福桥碰面时，看起来他们依旧不在一个档次。永贝里在上半场中段受伤，范佩西替补登场，努力想在进攻方面制造更直接的威胁，但他的凌空射门偏出目标。有钱能使鬼推磨，德罗巴的进球使得切尔西 10 年来首次在联赛中战胜枪手。

不过有好消息从鹿特丹传来，桑德拉・博玛・基里格斯曼被发现对警方撒谎。内部流出的报告显示，当她拨打紧急救援电话时，告诉接线员自己被绑架了，好让警员更快出现在现场。酒店工作人员显然对指控很震惊，因为事后她在楼下的酒吧里坐了几个小时，和朋友们轻松地打电话聊天。

她告诉警方，她本以为范佩西是个"不错"的人，想跟他上床，但不想和他的两个朋友也发生关系。

基里格斯曼在对警方的一份口供中说："如果一切顺利进行下去，我是真的想和他发生关系。但他们三个都想和我上床，这的确超出了我的计划范围。”

她改变了自己的说法，而且还说想和范佩西发生关系，这绝对会给她的故事打上问号。案件调查虽然还在进行中，但闹上法庭的几率肯定是越来越小了。

在荷兰与德国一战前的球迷闹事抢走了比赛的风头，这场比赛很精彩，双方打成了 2 ： 2 平。罗本梅开二度，范佩西也上了场但默默无闻——他看起来很疲倦，其实这种场合本来应该能激发出他更强的实力。

荷兰做客亚美尼亚进行世界杯预选赛，范佩西入选首发打左边路，但情况也没有改善多少。在这场平淡无奇的 1 ： 0 小胜中，范佩西很难拿出自己的最佳状态，于是范巴斯滕将他换下。要想在国家队取得成功，他还需要在多个位置有良好表现，因为首发的竞争十分激烈——特别是在荷兰这样一个盛产进攻天才的国家。

范佩西非常诚实地告诉记者们，本场比赛他不在最佳状态。他说：“我对自己面对亚美尼亚的表现不满意。我努力想打得简单直接，但当我尝试想让人眼前一亮时总是失败。诚实很重要，不管你表现好还是不好，我和教练之间交流顺畅，我在队里感觉很舒服。”

四天后，在主场对安道尔的比赛中，范佩西代表国家队的糟糕状态仍在继续，刚开场不久就踢飞两个好机会。范尼斯特鲁伊和范德法特（Rafael van der Vaart）体贴地向他展示了该怎样把球送进网窝，球队兵不血刃取得了 4 ： 0 的大胜。

在英超联赛中，尽管送出一脚精巧的助攻，但范佩西开场阶段的出色表现很快黯然失色，无法阻止阿森纳 1 ： 2 在客场败给米德尔斯堡（Middlesbrough）。球队要夺冠肯定不能是这样的状态，而范佩西自联赛揭幕日战胜纽卡斯尔之后就一直踢得不太好。

在阿森纳开始欧冠征程，主场面对瑞士小球会图恩（FC Thun）时，围绕在范佩西周围的争议又抬起了它丑陋的头。备战阶段的一堂训练课上，后卫埃布埃（Emmanuel Eboué）一记重铲伤到了范佩西的胫骨和膝盖。范佩西拒绝接受埃布埃诚恳的道歉，他非常生气，随后医务人员将他的伤处缠上了绷带。

温格迅速否认二位球员存在嫌隙，他澄清说范佩西将上场比赛。球队真的很需要范佩西，因为亨利腹股沟拉伤将缺阵大约 6 周。

训练场上所发生的事情有些失控，在海布里一切也没有完全按照计划进行。阿森纳最后时刻才 2 ： 1 险胜他们的瑞士对手。上半场常规时间结束时，范佩西正追一个传大了的直塞，为了停住球他高高抬起右脚，鞋钉撞上了阿伦・奥尔曼（Alen Orman）的脸。这完全是意外，因为他的眼睛一直牢牢盯着来球，当二人都倒在地上的时候，范佩西举起手表示抱歉。波兰主裁格泽戈斯・基尔维斯基（Grzegorz Gilewski）却似乎不为所动，图恩球员一拥而上，让这个小事故看起来更像一场冲突的导火索，超过了其原本的严重性。

基尔维斯基看起来准备火上浇油了，他示意图恩的医疗团队进场，抬起眉毛，用力吹响口哨。他的眼珠子好像就快要从眼眶里蹦出来了，然后突然掏出红牌，海布里看台上的球迷都因为难以置信而倒吸一口凉气。好像还嫌羞辱不够似的，这个波兰人居然还觉得应该把范佩西推往球员通道的方向，就像他不知道该往哪儿走。如果是早几年，范佩西肯定会因为这个刚刚罚下他的人毫无必要的动作做出愤怒的反应，但 22 岁的他却只是迈着沉重的步伐走下场，没有再制造任何麻烦。

得到这张红牌真是很不走运，但那几年这样的厄运一直跟随着他。他并无恶意，但这个判罚是正确的，因为他的脚重重地蹬到了奥尔曼。如果身份互换，北伦敦的看台上一定是一片欢欣鼓舞。这场比赛他开场本来打得不错，几次有威胁的尝试让门将很是头疼。不过这两年范佩西曾经从更糟糕的境地中触底反弹，这次对他来说不算什么。

丹尼斯·博格坎普的捅射帮助阿森纳在最后时刻完成绝杀，对于那位正在看台上羡慕地观看比赛的荷兰同胞来说，他是很好的榜样。范佩西会从这样的教训中吸取经验，所以，虽然从短期上来看这是挫折，但就长期而言这张红牌是他可以学习的一课。

温格素有嘴硬的名声，不出所料，他在赛后新闻发布会上严厉抨击了主裁，表示应该按照危险动作而不是暴力行为处罚范佩西。他说红牌完全出乎预料，是个误判。温格大发雷霆："这不是罗宾的错，只是个意外。范佩西是否昏了头？没有。是主裁昏了头。也许他都没在看比赛。"

当然，图恩球员对于范佩西的拼抢动作很不满——换作是阿森纳球员也会不满。以直言不讳著称的澳大利亚后卫米利切维奇（Ljubo Milicevic）在赛后做出了激烈的批评，还打了一个滑稽的比喻。他说："那个动作太野蛮了。显然，范佩西没有看到那孩子，但他使出那样一脚功夫腿算怎么回事？这种动作太危险了，我不知道通过摄像机看是什么样的，但李小龙要做出这样一个动作肯定也会为此骄傲。"奥尔曼也与他意见一致，表示想玩搏击有的是时间和地点，但足球场不是搏击场。

温格会至死捍卫他的球员，但这次他真的错了，因为范佩西的左脚蹬到那名后卫的时候的确是抬到了危险的高度。也许范佩西不是故意为之，但造成伤害的的确是他的球鞋，奥尔曼下场缝了 6 针，眼睛周围瘀血严重。受到惩罚的范佩西将缺席前往阿姆斯特丹面对阿贾克斯这场令人期待的比赛。

当阿森纳在英超重回正轨，在海布里 2 ：0 击败埃弗顿，球队的处境稍稍缓和一些了。雷耶斯巧妙地为范佩西做球，他精妙地带球摆脱左脚抽射，却目睹着自己的凌空射门极其不走运地打中门框弹出。之后范佩西再次逼近球门，他的射门被老门将奈杰尔・马丁（Nigel Martyn）稳稳没收。裁判阿兰・威利（Alan Wiley）对菲尔・内维尔（Phil Nevile）的野蛮冲撞非常公正地出示了黄牌，范佩西很幸运逃过了受伤。

在枪手与西汉姆（West Ham）互交白卷的比赛中，范佩西又一次没能进球，由于亨利依旧缺阵，他并没有拿出足够有说服力的表现向首发位置发起冲击。北爱尔兰门将罗伊・卡罗尔化解了他上半场的射门，下半场又在正确的时间出现在正确的地点挡住了他一次狡猾的折射。

在折射的帮助下，范佩西终于攻破了球门，带领球队主场 1 ：0 小胜伯明翰。替补登场的他一脚有些碰运气的射门打在斯蒂芬・克莱门斯（Stephen Clemence）的腿上，使门将迈克・泰勒（Maik Taylor）措手不及。在此之前，“开挂”的泰勒化解了阿森纳的所有攻门，阿森纳似乎已经无计可施，但范佩西上场后出色地完成了任务。

赛后温格称赞了进球英雄：“他是顶级球员，拥有良好的视野和极佳的射门技术。当他在训练中射门时，门将完全没有机会。今天这个球是拼出来的，我很高兴，范佩西上场的时候就会给你希望。”

范佩西的好状态来得正是时候，因为俱乐部锋线兵力正捉襟见肘，球队要取得成功，他的进球将至关重要。一直以来温格对于荷兰教练团队对待范佩西的方式都很满意，但是当范佩西在一场国家队比赛前的训练中受伤时，他肯定就不那么高兴了。在荷兰队备战与捷克队的世界杯预选赛关键战时，范佩西与马杜罗发生冲撞，腿部受伤。

范佩西的健康状况不足以使他首发，但他在比赛末段得到了 10 分钟的出场时间。荷兰队在布拉格 2 ：0 获胜，锁定 2006 年世界杯决赛圈席位。

四天后，他在主场与马其顿队的比赛中首发，但由于已经确定出线，荷兰队并未使出全力，比赛最终以平淡无奇的 0 ：0 告终。在阿姆斯特丹，范佩西接近破门，但他的射门偏出目标，赛后他承认球队这场比赛打得不太好。

范佩西因为恼人的大腿拉伤错过了前往山楂球场的险恶之旅，西汉姆 2 ：1 伏击伤兵满营的阿森纳。温格终于在冠军争夺中认输，他承认阿森纳看起来无法追上与榜首的积分差距了。

可以预见到的是，温格将球队的伤病危机和随后在山楂球场的失利归咎于之前的国家队比赛。这个借口很拙劣，因为所有球队都要面临和阿森纳同样的问题，但其他主教练没有几个试图从这点上找个借口出来。

如果本赛季注定将在英超中一无所获，阿森纳至少可能会把注意力转向全力挑战一项杯赛冠军。远赴布拉格斯巴达（Sparta Prague），范佩西和亨利都伤愈归队并赢得首发位置。然而除了因为一次凶悍的铲球让对手吃到黄牌之外，范佩西几乎没做出什么贡献，他的射门似乎失去了准星。在这场 2 ：0 的胜利中，亨利的两个进球使得他取代伊恩·赖特（Ian Wright）成为阿森纳历史上的射手王。

联赛杯 3 ：0 战胜桑德兰，温格派出的年轻阵容表现出色，范佩西梅开二度。比赛进行到一小时，埃布埃打破僵局，之后就是范佩西大放异彩的时间了。阿图罗·卢波利（Arturo Lupoli）在禁区内被绊倒，范佩西主罚点球劲射上角入网，让人想起了那场通过点球大战取胜的足总杯决赛。在比赛临近结束时，塞巴斯蒂安·拉尔森（Seb Larsson）漏盯了范佩西，后者在一群疲惫的桑德兰球员中间横冲直撞，然后将球塞进站位靠前的门将身后。

对于范佩西而言，这场比赛打得很漂亮，拿温格的话来说，他已经回到了自己的巅峰状态。讲话直率的桑德兰主帅米克·麦卡锡（Mick McCarthy）说他之前并没有意识到范佩西“能有这样出色”，当被问到对他精心选择用脚侧面射门的最后一球有何看法时，麦卡锡称这个球的处理非同凡响。

尽管联赛客战死敌托特纳姆热刺只在板凳上占有一席之地，但范佩西还是在这场斗志昂扬的反击战中扮演了关键角色。上半场，场面占优的热刺凭借莱德利·金（Ledley King）的进球取得领先，下半场中段范佩西被换上场。他的上场给客队注入了新鲜血液，并立刻迫使保罗·罗宾逊（Paul Robinson）做出一次精彩扑救。之后范佩西的又一次射门在门线上滚过，离进球差之毫厘。但之后罗宾逊拙劣的击球被皮雷抓住机会，皮雷为阿森纳抢得一分。

热刺的荷兰籍主帅马丁·约尔（Martin Jol）赛后对他的同胞赞不绝口：“范佩西的一脚传接太出色了，和岁本一样。两周前我们从荷兰引进了一名教练，他训练范佩西很多年了。今天他也在场，我对他说：‘你没教他这些技巧多好。’他让我有点担心，因为他看上去离进球很近。范佩西也许是停球最好的球员之一——在荷兰肯定是的。”

范佩西肯定在某些方面做得不错，因为他连续两场比赛都得到了对手主帅的热情称赞。对于这位超级替补在热刺后卫严防死守下的表现，温格的欣喜让人不难理解，尤其是在他感觉球队上半场不温不火的情况下。在粗暴野蛮的街头足球文化中摸爬滚打学会踢球的范佩西不是那种畏惧挑战的人，为了夺回球权他可以千方百计不遗余力。如果重新回到克拉林根的街上，他还是会不顾一切地追着球跑，生怕自己的球队被赶下球场。

11 月初在面对布拉格斯巴达的欧冠比赛中，亨利帮助球队领先，俱乐部正稳步走在夺取小组第一的道路上。法国人的这粒进球让人叹为观止，在比赛还剩半小时的时候，他被范佩西换下，得到了海布里全场球迷的起立鼓掌。范佩西刚上场试射了两脚但效果不佳，此后他饥不择食地利用两次不算太好的机会起脚但没有收效。

比赛还剩 10 分钟时，博格坎普喂球给状态火热的范佩西，后者避过两次铲抢，从 20 码处远射得手，锁定比赛胜利。范佩西的停球经常得到赞扬，但后来他告诉记者，这个球他第一下停得“有点烂”，于是不得不躲过斯巴达的后卫才能把球交给左脚处理完成射门。

范佩西完全踢开了，他接埃布埃的传中破门得分，5 分钟之内连进两球。这个来球其实并不好处理，而且比较低，但荷兰人本能地伸出右脚，足球再次滚入网窝。

虽然阿森纳落后土豪切尔西 14 分，但范佩西说在晋级欧冠 16 强之后，现在的阿森纳必须尽全力收复被蓝军占领的失地。他说：“我们已经在欧冠中晋级，现在必须为英超而奋斗了。对于我来说，有朝一日赢得英超冠军是一个梦想，我觉得这是有可能的。大家都说切尔西这个切尔西那个，好吧，他们拥有不错的阵容——但是我们也拥有不错的阵容，也在为英超冠军而战。到最后我们要看看能取得什么样的名次。”

范佩西不好意思地避开了与博格坎普的比较，他也否认传闻说自己因为替补上场收获不少进球但依然缺乏首发机会而越来越沮丧。他说这完全取决于温格，不管给他什么样的上场机会他都开心。很长一段时间以来，他和温格对于对方的尊重都溢于言表，范佩西说自从自己搬到英格兰，温格就在他生活中起了至关重要的作用。显然，一个稳重的、父亲般的人物正是范佩西安定下来所需要的，由于鲍勃在千里之外忙着他的艺术事业，因此法国人就暂时充当了这个角色。

对于那些激励他成为更出色球员的海布里球星们，范佩西也不吝溢美之词。索尔·坎贝尔、亨利和博格坎普为所有年轻球员树立了完美的榜样，他们拼劲十足，永远竭尽全力，不管是在比赛还是训练中。

博格坎普说前一个赛季对于范佩西来说是过渡赛季，这个赛季他将展现自己真正的价值："当你在一家新的俱乐部，与一支新的球队重新开始，难免有很多事情要应对，于是你没办法马上步入正轨。我们在这方面给他提供了帮助，因为有些事也是我们曾经历过的。好在他听取了我们的建议，同时心怀极大的尊重。这是你必须要做的第一件事——他只会变得越来越好。"

对于有些人来说很难理解这样的"尊重"，但范佩西在阿森纳期间，他始终都表现出尊重。他没有像在精英队和费耶诺德那样与教练顶嘴，他听取博格坎普这样的元老的意见，而他年轻时在费耶诺德曾与传奇射手范霍伊东克唇枪舌剑。

博格坎普称赞了范佩西在那个夏天面对问题的恢复能力。他说对于任何前锋来说进球都是最重要的："场上场下他身上都发生了很多事，但如果看看他在此之后的表现，他依然没有变，信心满满，看上去有点像是傲慢自大，但我们知道那是自信。他能进球，在足球当中这是最重要的。他充满自信，身体也变得更强壮了，而且还不缺技术。看起来他的未来很美好。"

统计数据表明，范佩西平均 1.5 场比赛进 1 球，效率比 1.6 场进 1 球的亨利还高。但博格坎普表示像范佩西这样替补上场进球要容易一些。博格坎普说，比赛到了末段节奏会下降，如果有人带着精力充沛的双腿上场，那就具有明显的优势。

范佩西一连串耀眼的替补表现终于得到了首发位置的奖励，阿森纳在海布里轻松地以 3 ∶ 1 战胜降级热门桑德兰。他只花了 12 分钟就发挥了作用，接到索尔・坎贝尔精确的直塞球，为主队破门得分。显然，范佩西是想最大限度地利用好首发的机会，他熟练地用胸部卸球，左脚大力抽射近角，18 岁的门将本・阿尼克（Ben Alnwick）只好缴械投降。

他的速度无人能敌。虽然亨利再进两球——其中一球来自范佩西精彩的轻敲——但这支攻势凶猛的阿森纳队本来还应该进得更多，雷耶斯也同样很有威胁。在比分还是平局时，范佩西右脚的一次精彩挑射已经让阿尼克彻底没了机会，但稍稍偏出了球门。后来荷兰人离破门甚至更近，他巧妙控球，转身就射，但却打中了门框。

博格坎普说打首发比替补要更难，但现在范佩西 6 次首发交出了 6 球的优异成绩。在范佩西和亨利联袂打出精彩表现之后——他们在创造进球机会方面非常默契——温格说未来他们一起合作有很大的潜力，因为二人都具备强大的得分能力。

温格说："目前，我觉得他是最接近出任中锋搭档亨利的人选。他没有博格坎普的经验和助攻能力，但他可以进球，也具备一定的水平。"

要学习人生经验，博格坎普是不可多得的老师，但范佩西未来更有可能搭档的是亨利。温格说范佩西拥有比肩博格坎普的素质但"最重要的是兑现自己的潜能”，作为激励大师和心理战爱好者，他这样做是给一个 22 岁的年轻人画了一张大大的饼。范佩西得到一个明确的信号，“要么成熟，要么完蛋”，显然，这样强烈的信号是这位任性不羁的天才少年从小到大都需要听到的。

下一个被问到博格坎普和范佩西相似点这种无聊问题的是亨利。法国人说再造一个博格坎普是不可能的，范佩西有自己的特点。他举例说，范佩西喜欢带球过掉越多人越好，而博格坎普不一样，因为他的“超能力”是用一脚不可思议的传球干掉防线。

他说要是有人拥有像范佩西这样良好的态度，没人能阻挡得了他。亨利说：“罗宾真的很自信，不过没有太过头，他拥有足球运动员梦想拥有的一切。罗宾可以打他想打的任何位置。我不是开玩笑，这都取决于他和他的欲望。我想他在联赛杯客战桑德兰的进球给了他极大的信心。我喜欢他的一点是渴望进球。”

“这对一个射手来说是最重要的。他一门心思就想绕到防线后面，进入禁区。主场对桑德兰的第一个进球太精彩了。索尔用右脚传了一个精妙的球，罗宾跑到他们的防线身后。他已经多次做到过这一点，这是他只想着把球送进网窝的信号。”

把球送进网窝，这才是最重要的，经历了糟糕的赛季开局之后，最近几周他进了不少球。亨利很欣赏身边这个时刻准备好并愿意穿透对方后卫线的饥渴的年轻人。

在范佩西又一次上演亮眼表现之后，大众对范佩西的喜爱与日俱增，温格对于未来可能发生的一切感到焦躁不安。就像一个担心女朋友被其他人勾引走的年轻人一样，温格宣称希望范佩西能签一份比 2004 年时的三年半合约更长的合同。从亨利和博格坎普的赞誉中能看出，范佩西完全不是“下一个某某”，他就是他自己，一个独一无二的天才。他可能正处在人生的巅峰期，并有可能在本赛季帮助阿森纳拿下一项杯赛冠军。

所有射手都有一个秘密的赛季进球目标，范佩西说，由于自己的球队在四条战线争夺冠军，他有机会进很多球。他说：“我们还在参加四项比赛，所以我觉得最少 15 至 20 球这个目标不算不切实际。希望我能进得更多，到现在为止我的纪录是 23 个。本赛季我已经进了 6 个了，我知道自己还在不断进步，加上自己的努力和主教练的支持，我只会变得越来越好。”

在阿森纳客场 3 ∶ 2 险胜维冈竞技（Wigan Athletic）的比赛中，范佩西令人难以置信地又一次破门得分。温格再次给了他首发的机会，范佩西也再次为球队建功立业。比赛刚开场 11 分钟，他就在 25 码处左脚劲射，洞穿了门将约翰·菲兰（John Filan）的十指关。又是索尔·坎贝尔的做球，范佩西接球偷偷绕过同胞阿尔扬·德泽乌（Arjan de Zeeuw），8 个多小时以来第一次攻破菲兰把守的大门。亨利再次成为主角，他打入两球，以此提醒球迷他才是俱乐部的头号射手。

据维冈中场格拉汉姆·卡瓦纳（Graham Kavanagh）所说，范佩西的表现出乎他们的意料。他说：“我真的没想到罗宾·范佩西会有这样的实力。他打进了一粒精彩进球，而且在他们的每次进攻中都发挥了作用。整场比赛他都是我们的麻烦，因为他拥有神奇的左脚、极快的速度和极佳的技巧。阿森纳轮换了一些人，但是当场上有一位像范佩西这样的球员，对我们来说一点都不轻松。”

有传言说亨利夏天可能会离开海布里，温格正在尽一切努力将他的同胞留在队中。温格说亨利与范佩西的合作非常出色，只要他们有机会一起打更多比赛，就有可能成为独一无二的搭档。

温格说："亨利和范佩西——我不知道是否还有比他们更好的搭档，但他们都还在进步。我们对蒂埃里非常了解，但罗宾也令人欣喜地进球、进步、展现出自己的能力。有迹象表明他可以接过丹尼斯·博格坎普的衣钵，不过我们必须给他时间。"

博格坎普和他的荷兰小兄弟总是同时被提及，而且这样的事似乎永远不会停止。即使对球队的贡献不同，但范佩西和博格坎普踢相似的位置，而且博格坎普临近自己阿森纳生涯的末期，范佩西才刚刚开始，讨论接班问题也属正常。

通常情况下博格坎普并不是个话多的人，但在他职业生涯接近尾声时，他开始打开话匣子。他指出他们俩大相径庭，因为范佩西喜欢把球拿在脚下并带球面对后卫，而博格坎普更喜欢跑位去接传球。在创造机会，以及最重要的——进球这两项能力方面，博格坎普也同意他俩很相似。

在阿森纳客场前往图恩的比赛之前，范佩西必须要应对对方的心理攻势，因为在比赛中他有可能面对阿伦·奥尔曼——两个月前在海布里被他放倒的男人。奥尔曼一定觉得自己说这番话时特别机智："我是不介意，踢足球你肯定要碰到这种事，但我不知道我们的球迷会怎么对他。"

范佩西在白鹿巷（White Hart Lane）和阿姆斯特丹大球场已经面对过充满敌意的气氛，做客瑞士首都球场（Stade de Suisse）之前的这番威胁很难起到奥尔曼所希望的恐吓效果。中场休息前 10 分钟，范佩西再次成为一起红牌事件的当事人，但这次他是被侵犯的一方。永贝里的传球使得范佩西如入无人之境，在他向球门奔袭的过程中，中卫阿曼德・德乌米（Armand Deumi）将他拉倒。这次犯规发生在禁区外，但喀麦隆后卫被红牌罚下，范佩西差点让对方立刻付出代价，他主罚的任意球稍稍高出横梁。

野蛮战术不会阻止阿森纳踢漂亮足球，在与雷耶斯做出精妙配合后，范佩西差点打破僵局。奥尔曼保证过不会让范佩西轻松过关，但如果这样的野蛮对待能够为球队创造进球机会，范佩西不会过分担忧。就在比赛朝着互交白卷的方向发展的时候，塞尔维・霍迪齐（SelverHodži）继续着对范佩西的“野蛮对待”，在禁区内放倒了他，送给阿森纳一粒点球，这样枪手不仅可能全取三分，还将以头名出线。皮雷一蹴而就，枪手在赢下前五场比赛后取得小组头名晋级，并将在下一轮抽签中位列种子队。

范佩西在比赛中受过多次冲撞，但和上赛季不同，他能够站起来继续比赛。在应对英超艰苦生活的过程中，他的身体一定也强壮了起来，看起来这样的进步同样在欧冠当中收到了效果。

温格表示肌肉力量一直是训练的重点：“从身体上来说，他看起来更壮了——去年他的身体对于适应英格兰足球来说似乎弱了点。然后在上赛季的下半段他开始进一些漂亮的球，更有存在感了。他加盟的时候看上去有点瘦弱，我们一直在加强他的身体训练。现在他强壮多了，也能抵挡以前抵挡不了的犯规。”

当布莱克本造访海布里再次吃到 0 ： 3 的脆败，温格因为不想“过度使用”22 岁的范佩西，将他放到了板凳上，显然，他需要拿出更加稳定的表现。在塞斯克・法布雷加斯首开纪录之后，亨利打进了自己在海布里的第 100 个联赛进球——这创下了俱乐部的纪录，而且由于已经是最后一个赛季在这座球场征战，这一纪录也不会有人打破。随后范佩西加入了狂欢的行列，并用一粒不可思议的进球尽最大努力将聚光灯从亨利那里偷了过来。

范佩西背对球门接球，然后转身冲向右边线。看起来已经没有到球门前的路线了，但他以迅雷不及掩耳之势直奔球门，从迈克尔·格雷（Michael Gray）和罗比·萨维奇（Robbie Savage）中间溜了过去，好像当他们完全不存在。一到禁区，荷兰人一脚势不可挡的射门飞入球网。开球前，球迷和球员为刚刚过世的传奇乔治·贝斯特（George Best）鼓掌一分钟，如果是他打进这样一粒进球也会为自己而骄傲。

看台上沸腾了，范佩西在进球后跑到球场远端的看台拥抱球迷，他说这是他到目前为止代表阿森纳打进的最漂亮的进球。他在场上对球的控制非常出色，但在令人眼花缭乱的突袭之后左脚的扫射不是一般人能做到的，因为布拉德·弗里德尔守门非常冷静沉着，要击败他可不是件容易的事。这只是范佩西长长的精彩进球名单中的最新一个，他绝对具备进好球的嗅觉。有时范佩西会被指责自私，忽略更理想位置上的队友，但是如果你像他一样拥有单打独斗的能力，以一己之力击败对手一定非常具有诱惑力。

尽管打进一些值得铭记的进球，但范佩西在温格手下依然不是常规首发。这位荷兰超级替补坚称他对丁温格的轮换政策很满意。他开玩笑说，温格总把他比作眼镜蛇，因为他知道从阿森纳的柳条筐里被放出来以后趴在地上等着伏击对手的好处。他还非常谦虚，说尽管最近几场比赛进了这么多球，但俱乐部付给他工资首先就是要他有这样的表现。

这是范佩西第 7 场比赛的第 7 个进球，亨利说这个大胆的射门彰显了荷兰人绝对是对自己的能力很有自信的："他所站的角度很难射门，但他还是抓住机会并取得了进球。这是一名射手处在信心高峰期才能做到的。”

范佩西表示，赛季结束后在联赛中的排名才是评价阿森纳的唯一标准：“我们开局比较慢热，但赛季就像一场马拉松，唯一算数的是最后我们排在第几名。我对于剩下的赛季抱有很大的期望。我接受自己不首发。我打了之前的两场比赛，所以才刚刚起步。我依然年轻，头儿让我上场的次数很多，所以我没有任何理由抱怨。

“我必须好好打，收获进球或者助攻。过去几场比赛我对自己这方面很满意。如果你在最后 15 到 20 分钟上场，效率可能会很高。如果头儿给我机会，我会尽一切努力将它继续下去，我觉得自己已经有一点进步了。”

显然，范佩西对于自己目前的状况很满意，只要进球源源不断地到来，他并不介意无法场场首发。他一直被分配扮演超级替补的角色，而且并不介意上场去打不同的位置，只要能站在场上，参与到比赛当中就好。这体现了他的成熟和自信，他没有像一些年轻球星那样，当着主教练的面要求保证首发位置。以鲁尼为例，他绝对不会忍受这样的待遇，第二天早上做的第一件事可能就是把转会申请放在主教练的桌上。

随着 12 月即将临近，强奸指控依然有可能变成正式控告。温格赞扬了他的弟子能够以出色的状态继续工作，他说俱乐部希望此事能尽快画上句号。他说：“每个人都会被发生在自己身上的事所影响，他在看守所里待了两周，每天都有许多问题围绕着他。所以这一切其实很难接受，特别是在你觉得自己没有做错任何事的情况下。我觉得他已经熬过来了，我们看到了积极的信号。”

凭借又一粒进球，范佩西在 8 场比赛中打进 8 球，这场比赛温格的孩子们在联赛杯中轻松地以 3 ： 0 战胜雷丁（Reading）。看上去无论他碰到什么都能转化为进球，在这场比赛中他散发出了耀眼的光芒。比赛刚开始他就差点进球，一脚精彩射门直奔球门而去，只是打在后卫的腿上弹了出去。

他聪明地拉到边路，然后直冲向禁区，雷耶斯机敏地将球送向他跑动的线路，荷兰人左脚重炮轰入下角，阿森纳前门将格拉汉姆·史塔克（Graham Stack）虽倒地扑救但却无能为力。范佩西边跑边亲吻球衣上的队徽，年轻的枪手们——本场首发平均年龄 19 岁——抱在一起庆祝。

他的连续进球纪录还在延续，温格评论说，范佩西每次触球好像就要有什么特别的事发生。他表示同样攻破史塔克把守的大门的雷耶斯和范佩西是两个特别的年轻球员，他们会在足坛拥有光明的未来。可以肯定的是，范佩西很快将在一线队得到更多机会，把专属于"B 队"的联赛杯比赛留给俱乐部其他刚涌现出的天才，好让他们在不被范佩西抢风头的情况下有更多机会去证明自己。

枪手主帅再次把这段连续进球纪录归功于 6 月范佩西从监狱被释放出来之后所表现出的饥饿感："当你在 20 岁的年纪经历过被追捧的日子，然后被关押两周，外界还有许多负面宣传，你肯定会受到打击。他花了一段时间从中恢复，我曾一度很担心他。"要从那个夏天在范佩西身上发生的这种充满戏剧性又令人心烦意乱的事件中恢复过来，需要很大的勇气，幸运的是，他拥有坚强的性格，如果是意志没那么坚定的球员，在这样的情况下可能会因为压力一蹶不振。

在范佩西这个赛季打得顺风顺水，以及博格坎普即将离队的情况下，他有可能在 2006—2007 赛季接过俱乐部的 10 号球衣。在任何一家俱乐部，这都是一个神圣的号码，但在阿森纳，它是博格坎普的同义词，因为荷兰人已经身披 10 号球衣 10 年以上。范佩西说他会拒绝穿上 10 号，因为他对博格坎普的贡献充满敬佩，他希望书写自己的历史。虽被誉为博格坎普的完美接班人，但他还是决心保持自己的独立性，并用自身价值让人们认可他是一名优秀球员。

范佩西对博格坎普的尊敬是毋庸置疑的。他一直拒绝与博格坎普相比较，后者为俱乐部奉献了精彩的 10 年。他对《每日镜报》说，自己从这位不可思议的球员身上学到很多，他知道能与博格坎普在一起是多大的荣幸。

他说："丹尼斯是个巨星。我才刚刚站上这个大舞台，还有许多要提高的地方。10 年后再来问我这个问题吧，目前我不敢把自己与丹尼斯·博格坎普相比。如果你是个年轻、有才华的球员，你无法祈求队里还能有比丹尼斯更好的人了，我对他只有赞誉。在阿森纳他一直对我有求必应。我觉得两年来能跟他一起训练、比赛特别荣幸。"

阿森纳的情况正在一点点好转起来，范佩西凭借自己的表现获得了英超 11 月"月度最佳球员"。当阿森纳新闻处将获奖的消息告诉范佩西时，他说："笑死我了，真正获奖的是谁啊？"如果是几年前，他可能会做出更巧妙的回答，但现在他在温格的精心呵护下已经成熟起来，变得相当圆润稳重。他比以前更谦逊，他真的惊讶自己的表现能得到这样的认可。也许他已经习惯忽略媒体的负面宣传，于是完全不听媒体说些什么，这也是为什么他对自己获得这个奖项如此惊讶。也许像米克·麦卡锡和马丁·约尔这些人的夸奖也被他忽略了。

球迷总说，"月度最佳球员"和"月度最佳教练"像一种诅咒，因为就在辛苦付出得到认可之时，他们的表现马上会走下坡路。这只毒苹果似乎也影响到了范佩西，客战博尔顿（Bolton Wanderers）遭遇 0 ： 2 失利，他没能取得进球。12 月阿森纳经历了糟糕的开局，范佩西和他的球队连续四场比赛一无所获。

在锐步球场（Reebok Stadium）这个令人失望的下午，范佩西与进球失之交臂。他似乎让枪手重新燃起了希望，但在他的射门洞穿球网时，边裁的旗子已经举了起来，主裁霍华德·韦伯（Howard Webb）吹罚亨利进攻中对塔尔·本哈伊姆（Tal Ben Haim）犯规，判给对方一粒任意球。对于范佩西而言，这场比赛又是在他终于找到感觉的时候，某名队友让他失望了。

阿森纳似乎离他们赛季开始时自诩的“冠军竞争者”差了十万八千里，此时面对昔日死敌阿贾克斯肯定不是范佩西想要的，但由于球队已经确保了欧冠小组头名，这场比赛无关紧要。在亨利罚失点球之后，范佩西差点锁定胜利，他炫目的奔袭和弧线射门打在幸运的门将马尔滕·斯特克伦堡伸出的腿上弹出。

12 月初，阿森纳愉快地宣布范佩西准备续约到 2011 年。这份合约是对他终于适应了阿森纳打法的回报——少了个人的炫技和卖弄，多了聪明、迅速的传球以及对队友位置的感知。阿尔塞纳·温格证实，在从个人主义的天才转变为团队型球员后，范佩西已经赢得了续约。

他说：“罗宾未来几天就会续约。他进步很大。过去他喜欢用比较独的方式展现自己的天赋，但他已经成长为团队型球员，如果他再接再厉的话将成为一名伟大的球员。”

温格一直有意在夏天签下迈克尔·欧文（Michael Owen）——和范佩西一样，这名利物浦前射手十几岁时就在俱乐部和国家队脱颖而出，但在高价转会皇马后他的状态下滑严重。最终温格否决了这桩转会，他说引进欧文将有悖于自己建队的哲学。

他说："我曾对欧文有兴趣，但问题在于，'我是要坚持自己的初心还是转向完全不同的方向'？我希望范佩西和何塞·雷耶斯能够带给我们进球，到了某个阶段我必须培养自己的年轻球员。"

对于范佩西来说幸运的是，温格掌舵的这艘船一直没有偏离自己的航线。有些人可能鄙视温格在联赛杯比赛中派上一群小将，但他的天才生产线运转良好，雷耶斯和范佩西等人处在这场革命的最前沿。

可以理解的是，范佩西对于自己即将把未来长久托付给阿森纳感到非常激动。温格一定特别欣慰范佩西没有被冲昏头脑，对于他能成为一名优秀球员的潜力，温格一直抱有完全的信心。俱乐部引进他时，他像一只折翼的知更鸟，他们精心地照顾他到痊愈，并愉快地看着他比以往任何时候都飞得更高更自如。足球是他生命中最重要的东西，随着他将未来许多年托付给俱乐部，他可以把注意力完全集中在踢球上了。

他高兴地表示："我对自己在这里的生活十分满意。阿森纳是一家强大的俱乐部，随着签下新约，我在足球之外无须担心任何事情了。这正是我想要的——专注于训练和比赛，成为更好的球员。"

这份合同将使他未来 6 年都留在阿森纳，范佩西很高兴能签这么久，因为他想回报温格和俱乐部对他的支持。这份新约的报酬也较为丰厚，据传言说范佩西的周薪翻了一倍还多，达到 3.5 万英镑。这对于一名甚至还不常打满 90 分钟的球员来说已经不错了。

就在圣诞节前，切尔西在海布里取得了一场富有争议的 2 ∶ 0 胜利，看起来他们已经扼杀了阿森纳的夺冠希望。范佩西的进球再次被判犯规——自从拿到倒霉的"月度最佳球员"奖之后，幸运女神确实抛弃了他。范佩西精彩的进球完全没出任何差错，他被这个判罚惊呆了。

他从对方脚下抢得球权，直奔向前，熟练地过掉防守球员，一脚射门，足球越过了彼得·切赫（Petr Cech）。亨利处在越位位置，但并未干扰进攻，所以进球应该是成立的。不出所料，温格非常生气，他在指挥区边缘大声发泄着不满，范佩西还因为抗议吃到黄牌。雪上加霜的是，迈克尔·埃辛（Michael Essien）对范佩西一次凶狠的犯规还幸运地逃过了黄牌。

温格总是能被切尔西主帅何塞·穆里尼奥成功激怒，他在终场哨响后依然怒不可遏。他公开质问范佩西的进球为什么被吹掉，但他的抗议有些荒谬，给他在足总那里带来了麻烦。当他指责裁判是切尔西队的一员时，他的痛斥有点像吃不到葡萄说葡萄酸。温格抱怨道："举旗的是边裁，但我觉得主裁和边裁都是某支球队……切尔西队的一员。"

这场失利对阿森纳造成重大打击，范佩西和温格都毫不掩饰自己的失望。执掌职业比赛裁判委员会——裁判主管部门——的基斯·哈克特（Keith Hackett）后来也表示范佩西的进球应该是有效的。

比赛两天后，哈克特说："阿森纳已经与我谈过，质疑这个越位判罚。我可以确认，助理裁判并未做出正确的判罚。他举旗是因为相信亨利参与到了进攻中——但如果多次通过录像查验，你可以看到亨利并未参与其中。"

但它对阿森纳来得有点太晚了，只能给这场溃败的伤口上再撒一把盐。当阿森纳在联赛杯中通过点球大战艰难战胜唐卡斯特（Doncaster Rovers）晋级，范佩西的身体却真的受了伤。强硬的史蒂夫·罗伯茨（Steve Roberts）一记凶猛的铲球让荷兰人痛得在地上打滚，他的左膝需要接受治疗。在一瘸一拐走下场几分钟后，他就不得不被换下。

当赛季进入众所周知的忙碌的圣诞赛程，范佩西却遭遇了更多的打击。他曾自夸意志坚韧，但他的身体是否也一样强健？在缺阵数场之后，看起来并非如此。到了元旦，范佩西依然没有完全克服踝伤的困扰，在维拉公园 0 ∶ 0 的闷平当中，他的表现平淡无奇。他离 100% 的状态还差得远，但在海布里迎战硬骨头卡迪夫城，他重新回到首发当中。

格伦·鲁文斯（Glenn Loovens）从费耶诺德租借到这支威尔士球队，但两位前队友的重聚注定不会愉快，这位中后卫警告说他会采用一切必要的手段阻止自己的朋友。范佩西回应说他们俩虽然应该成熟点，但在 90 分钟内自己不认识鲁文斯。战争一触即发。

罗伯特·皮雷梅开二度，阿森纳 2 ∶ 1 轻松取胜，范佩西参与了第二球的进攻。此外他接皮雷的传中头槌轰门，本来应该带来一粒进球，但门框却拒绝了他。范佩西和鲁文斯赛后开玩笑说下次他们一起出去吃饭鲁文斯要买单，因为他没有信守对球队的诺言。

几天后，大家才看出鲁文斯强硬的表态显然已经潜移默化影响了他的队友们——范佩西被诊断为脚趾骨折。比赛结束时他都没意识到自己受了伤，但在接下来几天问题变得越来越明显。范佩西的脚当时行走无碍，而且他也没注意到有任何不对劲的地方，但之后骨折迹象越来越显而易见。

他一直艰难地适应着英格兰足球，在脚趾骨折之后，范佩西透露在自己来到俱乐部的第一个赛季，有人使用下作的战术针对他："去年打斯托克城，我面对他们的一名后卫，每次我靠近他，他都不断揪我肋骨下边的皮，每次都是。有次他踩着我的脚趾，在我耳边大叫，我心想：'怎么回事？'第二天我浑身是伤。我们也没有交换球衣！"

英超以强硬的球风著名，尽管温格想用自己独一无二的风格去比赛，但他也不得不接受球队在大部分场次都要面对难缠的对手。像斯托克城（Stoke City）和布莱克本这样的球队都有自己的战术，但这不会吓倒阿森纳，在英超当中，总会有球队在身体对抗方面给你造成威胁。希望比赛更加克制、冷静的球员不适合这里——有许多联赛的身体对抗强度都没那么高，比如西甲和意甲。也许这就是为什么阿贾克斯和费耶诺德球迷觉得在看台上打架没什么不对——他们在场上的英雄们可不会亲自动手。

有消息说温格将在1月转会窗开启后引进另一名前锋——埃曼纽尔·阿德巴约（Emmanuel Adebayor），但这似乎并未影响到范佩西。他指出，许多大俱乐部都需要至少五名前锋，他对自己在场上的能力有相当的自信。范佩西在接受《阿森纳》杂志采访时说，他的眼光放得很长远："我可以成为这家俱乐部的重要一员，我觉得我已经证明了一点点，但我决心在未来更长的时间里去证明它。我满意自己本赛季的表现，但这离不开这里许多人的支持。在阿森纳，许多好榜样让我明白了自己需要在哪些方面做出改变。"

范佩西在联赛杯半决赛第二回合主场对维冈的比赛中打进一粒超级任意球，看似他并未受脚趾骨折所影响。但这粒无与伦比的进球所带来的领先优势随后被简森·罗伯茨（Jason Roberts）的破门抵消。这是范佩西又一个石破天惊的进球，因此这个夜晚以失望告终让人更加觉得遗憾。那段时期，范佩西经常能出现在BBC《当日比赛》（*Match of the Day*）的"本月最佳进球"竞争中，他的进球使得阿森纳的球票似乎越来越有价值。

他的进球来自禁区外很远的地方，他的老朋友迈克·波利特（Mike Pollitt）在门前毫无扑救的希望。这位年轻门将只能站着目送足球飞进上角，当球从网中弹出时他狠狠地将它踢开。天空体育的解说团队马上将这个球形容为“又一个经典”，但范佩西的庆祝动作表明他似乎应该在这方面多下一番功夫。他似乎把能想到的动作都揉了进去，先是亲吻了双手，然后张开双臂，接下来用力将双臂挥向空中，然后跳起来做了一个传统的冲拳动作，接着他将手臂重新挥向空中，趾高气扬地点点头，然后向观众挥挥右拳，这才被队友团团围住。看上去就像体操运动员为了得到额外的分数把最好的动作都编排在了一起。

这粒任意球从个人角度来说是一个亮点，但球队被淘汰出了联赛杯，在海布里的最后一个赛季获得奖杯的又一个机会灰飞烟灭。

仅仅四天后，博尔顿让温格的球队雪上加霜，“快马”将他们淘汰出了足总杯。如果范佩西接永贝里传中的头球能再低几英寸，一切都会不同。据阿什利·科尔在离开阿森纳加盟切尔西后出版的书中透露，范佩西和永贝里在场下互不说话，但面对博尔顿这场比赛他们配合很默契。整个赛季他打中门框无数次，这次足球再次击中了横梁。

最后一分钟，替补登场精力更加充沛的尼基·亨特（Nicky Hunt）将范佩西的射门拒之门外。就在范佩西似乎准备扣动扳机扳平比分之时，这名后卫杀出解围成功。对于范佩西试图用不擅长的右脚射门结果付出了代价，BBC《当日比赛》的嘉宾团坏笑不止。在他抬起右腿向前摆动时却完全踢空，就像利物浦前后卫阿兰·汉森的评论所说，这“只是其中一次”。

温格对球队遭遇这场令人痛苦的失利懊悔不已，他说他的球队绝不应该输给博尔顿，因为斯泰利奥斯（Stelios）的进球是山姆·阿勒代斯（Sam Allardyce）的弟子们全场所创造出的唯一一次像样的机会。

这是一段黑暗时期，联赛 2 ：3 输给西汉姆，阿森纳再次遭遇危机。这是海布里所举行的第 2000 场比赛，但“铁锤帮”成为了在这片著名的老球场庆祝胜利的最后一支客队。这场比赛的失利不是因为范佩西缺少射门的尝试，他的一记任意球被老将沙卡 · 希斯洛普（Shaka Hislop）扑出，之前还有一次精彩的团队配合，但他的射门——你猜怎么着——击中了立柱。

范佩西需要激励好让他走出这段球荒，还有谁是比博格坎普更好的共进晚餐的人选？他们在场上和训练课中度过了许多时光，但这名老臣太追求完美，以至于没空在训练课上闲聊。范佩西开玩笑说，博格坎普在训练中“高不可攀”，看到他传出一个随意的球都是不可能的，荷兰传奇会一直让球处在自己的控制之下。范佩西虽然已经成长了很多，但他依然保有天生的调皮一面。

范佩西唯一可能从博格坎普那里得到一些建议的机会是在俱乐部之外，他很激动能和这位队友一起出去吃饭，他们的妻子也一同出席。范佩西高兴地说：“你应该听他的，他很聪明。他每天都想着足球，我很幸运能从这样一个人身上学习。他一点都不自高自大。每个人都因为他的人格魅力对他心怀敬意，训练场上的年轻人们——我们都完全听命于他。”

在阿森纳要前往皇马主场进行欧冠淘汰赛第一回合的时候，一些不好的记忆像洪水一样涌上他的心头。在欧洲超级杯与皇马的决战前，因为主帅贝尔特 · 范马尔维克不喜欢范佩西的肢体语言，他被排除出费耶诺德的大名单。

可以理解的是，由于对范马尔维克心存怨恨，范佩西极度渴望打这场比赛，为了放得下因骨折剧烈肿胀的脚趾，他之前甚至一直是在鞋上割个洞踢比赛。虽然意愿无比强烈，但到最后他还是被迫错过了这场大战，因为他的脚甚至连鞋都穿不上——即使上面有个洞。尽管自圣诞节以来就陷入低潮，但阿森纳还是在伯纳乌（Bernabéu）获得了 1 ∶ 0 的胜利。在范佩西依旧缺阵的情况下，他们在海布里保住了 0 ∶ 0 的平局，将拥有青史留名的巨星齐达内、劳尔（Raul）和卡西利亚斯（Iker Casillas）等人的皇马淘汰出欧冠。

看起来海布里上空的阴云正在散去，对于范佩西来说也是如此，他彻底摆脱了萦绕许久的被荷兰法庭起诉的威胁。终于，在 2 月 28 日星期二——他被捕后的 260 天——针对范佩西的强奸指控被撤销。法庭被告知因为缺乏有效证据不可能提起诉讼。

荷兰检察官办公室的一份声明说："调查的结论是对于这起非自愿性行为的发生证据不足。他起先否认有性接触。但鉴于其他当事人的供述似乎不够可信，而且他承认了性接触，所以证实了被告的叙述。"

虽然应该为自己免于被起诉兴高采烈，但他其实并未完全洗脱恶名。他开始否认与那个女孩有任何性接触，但后来却推翻了最初的供述，承认和她发生过关系。阿森纳是个家庭式的俱乐部，背叛妻子的球员将再也无法得到某些球迷的尊重。

随着案件的结束，范佩西终于打破沉默，表示警察用"恶心的方式"对待他。他说："我没有做错任何事，之所以承受这样的痛苦是因为有个女人想赚钱。而警察完全是瞎搅和。我现在只想让人们认识到他们犯了一个大错。他们对待我的方式大错特错，他们就想把一个著名球员树立为强奸犯的典型。我可以理解，但你要这么做的话必须有切实的证据。"

范佩西暗示他被控有罪从始至终都是因为桑德拉·博玛·基里格斯曼是那种想利用此事发财的女人。这与布切拉先前指责基里格斯曼想走丽贝卡·鲁斯（Rebecca Loos）的老路来博取名利不谋而合，鲁斯曾声称自己与大卫·贝克汉姆有染。

范佩西说："我知道当球员和女人扯上关系，大家总是有自己的看法。但我真的想说明的是，有种类型的女人就是为了钱。我被指控做了最不堪的事，我上了新闻，全世界都针对我。"

"以我的处境、为人和所从事的职业，我到底为了什么要去强奸别人？我保持沉默10个月，但我认为自己有权利讲出我这边的故事。这件事困扰了我太长时间了，想说的话都说过了。我所知道的事实就是如此。"

因为脚趾骨折缺阵的这段时间令人沮丧，但范佩西终于在赛季还剩两个月时回归赛场。范佩西和同样伤愈复出的明星后卫索尔·坎贝尔在1：0的闭门比赛中战胜了布莱顿（Brighton）。

阿森纳在海布里3：0轻松拿下查尔顿，范佩西迎来自己在一线队的复出。一开始他有点没找到状态，几次轻易被对方断球，之后吉尔伯托·席尔瓦没有恶意地轰了一脚砸到他背上。他终于找到了比赛节奏，抓住克里斯·佩里（Chris Perry）一次传小了的机会，但他的射门被赫尔曼·赫雷达尔森（Hermann Hreidarsson）及时拦截。

阿森纳在最合适的时间达到了巅峰状态，他们在欧冠1/4决赛首回合2：0击败了尤文图斯。帕特里克·维埃拉在离开之后首次面对旧主，他默默无闻的表现让阿森纳没费什么心，还吃到了黄牌。意大利联赛领头羊疯狂放铲，两人被罚下场。可怜的范佩西被卡莫拉内西（Mauro Camoranesi）放倒，后者很公平地吃到一张红牌。在都灵（Turin）进行的第二回合，枪手守住了0：0的平局晋级半决赛，范佩西坐在替补席没有上场。

阿斯顿维拉在海布里遭遇0：5的惨败，荷兰人回到了进球者的行列。

接到直塞之后范佩西进入禁区，但就在他用速度过掉出击的托马斯·索伦森（Thomas Sørensen）时球蹚大了，他竭尽全力把球停住，没有给对方球门球。在他把球带离底线为自己创造更好的射门角度时，索伦森和两名后卫都过来防他。这位门将扑到他脚下，差点抓住足球，但范佩西调皮地用右脚轻轻一磕，让球脱离了索伦森可以触及的范围，球从索伦森的右眼皮底下滚过，范佩西用自己最信任的左脚扫射为主队得分。

凭借一场让人心服口服的 2 ：0，曼联证明了自己面对阿森纳依然占据优势。范佩西表现不算太差，迫使同胞埃德温·范德萨做出两次精彩扑救，但之后主队在老特拉福德完全碾压了阿森纳。随着英超赛季临近结束，枪手与死敌热刺陷入了第四名之争——如果拿到这个名次将得到下赛季欧冠的席位。

范佩西几次极富创造力的策应，帮助阿森纳在海布里 3 ：1 击败西布朗，这天是“丹尼斯·博格坎普日”——为了感谢即将退役的王牌球星为俱乐部所做的贡献，球迷身穿着橘色衣服来到球场。如果范佩西也能像博格坎普一样在阿森纳待这么久，也许有一天他也能以相似的方式得到认可。

这位俱乐部传奇在比赛末段替补登场并打入一球，确保了阿森纳稳拿三分，温格对他赞不绝口。他说：“我们需要他的视野，也需要有人能让我们继续流畅地运转下去。这就是为什么我用他换下了范佩西，和‘丹尼斯·博格坎普日’没有任何关系。”

在欧冠半决赛首回合阿森纳 1 ：0 战胜比利亚雷亚尔（Villarreal）的比赛中，范佩西再一次坐在了板凳上。这是海布里举行的最后一场欧战，那是一个快乐的夜晚，阿森纳不仅胜出而且没有让对手拿到价值连城的客场进球。在比赛仅剩 10 分钟而且双方势均力敌的情况下，范佩西也很难有所作为，他没有看到多少机会。第二回合，他本来可能因为坐在板凳上没机会上场而失望，但延斯·莱曼最后时刻扑出点球保住了 0 ∶ 0 的平局，帮助枪手晋级，范佩西有机会在欧冠决赛中出场了。

海布里史上最后一场北伦敦德比事故频出，热刺将一分揣进口袋带回了家。主教练吵，球迷吵，甚至高层也吵，但球员在场上却难分胜负。在阿森纳 1 ∶ 0 领先时，范佩西踢飞了扩大领先优势的黄金机会，他的浪费也遭到了惩罚，几分钟后罗比·基恩（Robbie Keane）就打进了热刺的扳平球。范佩西的机会太好了，因为他已经和保罗·罗宾逊一对一了，但不幸的是他的射门不仅绕过了守门员也偏出了球门。

在这个担任配角的赛季进入尾声之际，他却不断浪费着机会，在 3 ∶ 0 战胜桑德兰的比赛中，他在最后阶段上场，又浪费了一个相似的机会。博格坎普巧妙传球让范佩西如入无人之境，但他的射门偏得离谱。这样的状态很难让他在温格的欧冠决赛首发名单中排到前列，他们将在巴黎（Paris）迎来与巴塞罗那（Barcelona）的决战。

在阿森纳战胜曼城的比赛中，范佩西表现糟糕，他似乎更有兴趣找茬和别人干一架，而不是踢好自己的球。第 10 分钟，他的劲射再次击中横梁。大卫·詹姆斯（David James）化解了他的另一次射门，此后范佩西再无任何建树。

他肯定是被什么激怒了，虽然被温格拉住，但他在下场时还是朝曼城球迷看台做了个手势。后来亨利说在上半场一次小题大做的事件之后曼城球迷就一直不放过范佩西，但范佩西太不成熟了。

赛后"蓝月亮"后卫大卫·索梅尔（David Sommeil）指责范佩西种族

歧视。他俩在上半场一次平常的禁区内盯人拉扯中发生了冲突，裁判格拉汉姆·波尔（Graham Poll）在场上跟他俩谈了话，半场时又找到双方俱乐部的代表。

就在他摆脱强奸指控的时候，种族歧视又接踵而至。带着人们对他性格的又一次质疑，他在海布里的最后一场阿森纳比赛最后10分钟替补登场无所作为，其实也可以理解。之前一段时间，他还可以与亨利一较高下，但到了赛季末，他与这位头号球星相比可以说是相形见绌。在这场4：2的大胜中，亨利收获帽子戏法。亨利吻别海布里的草皮，俱乐部期待着在新的主场酋长球场（Emirates Stadium）开始下个赛季。

在欧冠与巴塞罗那的终极对决中，范佩西和博格坎普都没有上场。进球名单上有一个出人意料的名字：索尔·坎贝尔。上半场凭借一记势大力沉的头球，这位无人能挡的后卫帮助他的球队领先，但事情的发展却没有按照他们的期望进行。莱曼在半决赛中是球队的英雄，但他在巴黎成为了罪人，早早被红牌罚下，使得巴塞罗那2：1加冕王冠。

莱曼的红牌注定了范佩西和博格坎普作壁上观的命运，因为温格又少了一个名额更换除守门员外的球员。范佩西也许并不是阿森纳通往决赛道路上发挥作用最大的球员，但没能上场依然让他崩溃。赛后他说："在巴黎的决赛是双重失望。我知道自己不会首发，但我相信自己会在下半场上场——只是延斯·莱曼的红牌毁掉了一切。"

第五章　世界杯在等待

虽然圣诞赛程打得振奋人心，阿森纳看似前途光明，但赛季的结局远远说不上完美。不过范巴斯滕依旧认为范佩西的表现已经足以锁定 2006 年德国世界杯荷兰队预备大名单的一个席位。经历了错过欧冠决赛的失望，范佩西得到荷兰队主帅的允许，在与球队汇合前多休息了一周。范巴斯滕希望他带着饱满的精神归队，脑海中没有压力和焦虑。荷兰主教练的良苦用心得到回报，范佩西归队时眼中闪烁着热切的光芒，就像着了魔一样疯狂训练。菲利普·科库说范佩西表现一直很出色，并将他的到来比作“晴空中看到一道闪电”。

和国家队主帅之间融洽的关系也许是他入选荷兰队的原因之一。范佩西无比感激范巴斯滕在去年那个痛苦的夏天给予自己的支持，他说：“荷兰队主帅范巴斯滕是给我巨大支持的人之一。我心里知道真相总会水落石出，但在荷兰警方和法庭承认错误之前要花上很久。”

在荷兰队与喀麦隆队的热身赛上，范佩西好像已经回到了自己的最佳状态，他从右边路极具创造力地制造了几次机会。范尼斯特鲁伊打进比赛唯一进球，而范佩西利用一系列精妙的传球和令人眼花缭乱的带球奔袭吸引了人们的目光。但在这场友谊赛中他有两次鲁莽的铲抢，这对于即将到来的决赛圈比赛不是个好兆头。

他应该学会了接受这样的事实：不管在俱乐部习惯什么位置，在国家队让你打什么位置都要去打。在这场比赛中，范佩西发现自己打的是右边路，因为范巴斯滕要试验一下他在世界杯期间可以对阵容进行怎样的调整，他说范佩西打右路时适应得“非常好”。当德国和葡萄牙在友谊赛大开杀戒的同时，范巴斯滕表示真正重要的是让球员通过友谊赛了解不同的阵型，适应力更强的球队才有可能走得更远。

在与墨西哥的热身赛中，范巴斯滕再次对阵容进行了调整，范佩西被推上锋线，球队 2 ：1 获胜。他再次强调，试验球队随后可能需要适应的阵型是一种有益的尝试。但在专家们看来，距离世界杯首场比赛仅剩 10 天的情况下，荷兰队似乎还没有完全准备好，但范巴斯滕坚称他需要球队有能力应付大面积轮换。范佩西应该很自信自己能得到上场机会，因为范巴斯滕似乎很信任他适应多种角色的能力。

在澳大利亚对荷兰的友谊赛之前，卢卡斯·尼尔已经非常了解范佩西了。这位布莱克本后卫目睹过范佩西身披阿森纳战袍的非凡表现——上个赛季，荷兰人在千禧球场的梅开二度正是面对他打进的。同一个赛季，在看到范佩西凭借个人能力的精彩进球之后他说：“范佩西充满干劲，非常强壮也很有杀伤力。他的左脚能力很强，是个出色的球员。”

范佩西愿意适应不同的位置让主教练很高兴，忽然间，范巴斯滕几乎要保证给他一个主力位置了。随着未来的热刺球星范德法特因伤缺阵，范巴斯滕证实范佩西将成为队中头号任意球手。他说：“你可以得出这个结论：范佩西太优秀了，不用他是一种遗憾。”

范佩西能踢右边路并非偶然——自从加盟阿森纳，为了打右路他就一直在苦练右脚技术。他的左脚非常厉害，但在苦练右脚数月之后，他现在双脚都能踢得很出色了。比起阿森纳这架一丝不苟的传球机器，在国家队范佩西有了更多的自由去表现自己。他说："范巴斯滕给了我在场上高度的自由，在阿森纳我更像是传球手，而现在有了两个范佩西，一个是阿森纳的范佩西，一个是荷兰队的范佩西，他们是两个不同的球员。"

门框成为刚刚过去的这个赛季范佩西遭遇的最大诅咒，1 ：1 战平澳大利亚队，他又与这位"老朋友"重聚。荷兰队在世界杯上的头号任意球手似乎已经找到了准星，而且门将施瓦泽（Mark Schwarzer）也已无计可施，但最终他听到了熟悉的"砰"声，球弹了出去。澳大利亚人凶狠的铲球导致斯内德（Wesley Sneijder）、科库和范布隆克霍斯特（Giovanni van Bronckhorst）全部受伤，这对于荷兰队的备战来说简直是噩耗。在世界上最重要的赛事前夕，澳大利亚队这样的行为令人不齿。为了尽力避免爆发大规模冲突，主裁向做出野蛮铲球动作的卢克·威尔克希尔（Luke Wilkshire）出示了红牌。

为了填补位置的空白，全能的范佩西做出了牺牲，后撤为孱弱的中场提供支援。澳大利亚人来势汹汹，能够全身而退范佩西一定感到很庆幸。上赛季受过伤后，他的身体可能已经变得更脆弱也更容易受伤。

作为主教练的范巴斯滕也逃不开球员时代困扰他的伤病问题。不过，他参加 1988 年欧洲杯时身体状况不错，也正是在这届比赛中他打进了那记惊世骇俗的抽射，帮助荷兰队赢得了到现在为止唯一一座大赛奖杯，他有切身经验可以传授给范佩西。正选球员纷纷倒下，而上赛季小伤不断、脚趾骨折缺阵许久的范佩西可能有更充足的能量储备。如果他能抓住的话，这是极好的机会——他现在绝对是队内连接中场和进攻线最重要的球员。

22 岁的范佩西还相当年轻，但经验不那么丰富的球员也不是没有在大舞台上有过惊艳的表现——欧文在 1998 年世界杯上一举成名，面对阿根廷令人难忘的个人表演为他在此届赛事上的良好表现画上一个圆满的句号。对于范佩西在这几场热身赛上值得期待的表现，荷兰媒体相当兴奋，并把他与英格兰的神奇小子鲁尼相提并论。鲁尼 17 岁就进入人们视野，并在英格兰队担当主角。

荷兰主帅对他这位金童当然是赞不绝口，表示范佩西状态奇佳。范巴斯滕说，尽管还为时尚早，但他看到范佩西在热身赛中展现出如此光明的前途和相当的实力还是非常兴奋。他也欣喜地看到，冷静的头脑让范佩西没有听信炒作。“范佩西没有被扑面而来的追捧冲昏头脑。”范巴斯滕说。

范佩西基本没有被媒体的评价冲昏头脑的危险，因为无论好坏他全部忽略。过去他的名声曾被玷污，因此对于媒体所说的话完全没有兴趣。许多球员装作不知道外界说了什么，但范佩西是真的不知道——当报纸透露博格坎普与阿森纳续约时，范佩西表示自己并不知情，因为没有人告诉过他，这让记者大吃一惊。

荷兰队的阵容相当年轻，但为了稳住阵脚，还是要有几名老将压阵。经验更加丰富的范德萨、科库和戴维斯（Edgar Davids）见过大风大浪，他们对于像范佩西这样需要时不时有人在耳边传道授业的年轻人是无价之宝。

范佩西表示，阵容年轻并不是什么问题，良好的预选赛表现已经证明了他们的实力，他们赢下了大部分预选赛的比赛并保持不败。他举例说，那个赛季阿森纳阵中有许多年轻人，但有温格给他们灌输信念，球队成功打进了欧冠决赛。

现在的问题就是要看范巴斯滕把范佩西放在什么位置上了。就在一年前，狱警曾善意地告诉范佩西，他再也不会为国出战了，而现在他即将成为荷兰队在世界杯决赛圈中最重要的球员之一。所有的纷扰都过去了，终于到了专注正事的时候。

荷兰队的首场比赛相对轻松，对手是塞尔维亚和黑山，他们缺乏创造力，但拥有钢铁般的防守，可能需要荷兰队费些功夫。塞黑已做好准备在比赛中不断爆铲——也许和澳大利亚打热身赛终究是个好主意。

范巴斯滕心仪的阵型终于出炉，范尼斯特鲁伊顶在最前，罗本居左，范佩西在右。当球队进攻时，两位边锋内切发挥前锋的作用。范佩西之前在右脚下功夫是明智的，因为他后来的确用到了它。

范佩西在世界杯上取得梦幻开局，他在第 17 分钟就创造了制胜球。当球看似没有威胁地落在中圈，范佩西看到了一片开阔地，精确地挑射传给前插的罗本。这位切尔西边锋速度太快，以至于你连“斯洛博丹·米洛舍维奇（Slobodan Milosevi）”的名字都还没念完，塞黑就落后了。罗本的射门干脆利落，但这个进球淋漓尽致地展现了范佩西的视野之开阔。得到喝彩的可能是罗本，但范佩西的开局表现肯定给范巴斯滕留下了深刻印象。

当罗本被范佩西和曼联的范尼围住的时候，他们忘记了俱乐部的恩怨，他的喜悦之情溢于言表，先是狂奔然后躺倒，就是不能好好站着。在球员们冲过去祝贺罗本的时候，荷兰队过去常见的更衣室关系紧张的情况似乎完全不见了踪影。

不过比赛一结束，球场上这幅团结的画面就不复存在了。不知为何，范佩西像疯了一样指责罗本自私。一届大赛刚开幕就这样做很奇怪，球员一般在赛事结束后才会这样说，也许罗本打进了他导演的制胜球后收到的盛赞让范佩西嫉妒了。

赛后范佩西愤愤不平地说，在荷兰队不应该有“我”的概念：“我们希望能一起打满6场比赛，他一个人是做不到的。他必须顾及自己的队友，有时他做决定完全是为了自己而不是球队。”

在热身赛中表现出的全面使得范佩西找到了进入首发的道路。因此，他不得不让位于罗本去打右路，后来又移到了中间，但其实他还是更想打左路。仔细想来，打右路总比上不了场强，但看到罗本占据着他认为本该属于自己的位置，范佩西心里还是很失落。罗本自夸说球迷还一丁点儿都没见到他的真实实力，而范巴斯滕担心球队在打得精彩漂亮的同时会发生更多内讧。

主帅希望一碗水端平，并尽力展现出一幅其乐融融的景象。他说两个人说的都有道理，并强调了在取得成绩的过程中团队协作的重要性。

他说：“我们和两位球员讨论了一下，也就这样的情况与全队进行了沟通。阿尔扬那次对球的处理非常好，也许球员们在比赛中也感觉到了。下一场比赛就是范佩西闪光的时刻。”

球员们在两天后的训练中结成了统一战线，罗本告诉记者，他知道范佩西的言辞没有恶意，这些意见完全不是问题。不出意料，范佩西也称自己的话被断章取义了，媒体再一次无中生有。他坚持荷兰队会团结一致，为在本届赛事取得成功而战。在训练课中他们看起来真的很开心，但球队的裂痕很有可能已经出现了，并导致他们像以前的荷兰队一样分崩离析。

罗本的球迷认为年轻球员努力争取进球是对的，温格也声援他们。他在接受《晚旗报》采访时说：“有时年轻球员在应该传球的时候选择射门——但如果你都不尝试一下就不可能进球。”

里昂主帅杰拉德·霍利尔（Gérard Houllier）执教利物浦到 2004 年，因此对英超具备全面的了解，他对范佩西在右路这个不太熟悉的位置的适应情况印象深刻。他说范佩西做得很好，融入了自己不习惯的模式，可能会成为荷兰在本届赛事上的推动力。

很难预测荷兰在面对科特迪瓦时会排出怎样的阵容。这支非洲球队并不惧怕对战术和阵型进行大刀阔斧的改变，所以范巴斯滕需要做好准备应对多种情况。范佩西和罗本肯定怀疑过自己的位置是否有危险，但范巴斯滕说不管“非洲大象”如何排阵，他都不会牺牲二人。

范巴斯滕说这场比赛将是范佩西闪光的机会，他说对了，在斯图加特举行的这场比赛荷兰 2 ：1 取胜并晋级下一轮，范佩西成了主角。两位边锋刚开场就通过内切制造了不少威胁，当范佩西从右路内切，他的速度对于阿森纳队友科洛·图雷来说完全无法应付，这位壮实的后卫只好放倒了他。他们可能很了解彼此，但是当各自为战的时候什么关系都没有用。图雷凶狠的铲球让范佩西的奔袭无果而终，后者的右大腿还受了轻伤。世界杯结束后图雷说范佩西令人生畏，从某种程度上来说，在比赛中能让图雷畏惧也是对范佩西的高度肯定，因为这凸显了他的速度给非洲人造成了多大的麻烦。

面对科特迪瓦，又是一场伤痕累累的比赛，对于范佩西来说，伤病一定虎视眈眈等待着袭击他。但他毫不却步，让自己站了起来，在他准备主罚图雷犯规导致的这个任意球时，罕见地像詹姆斯·邦德（James Bond）一样趾高气扬地整理了一下衣领。这个任意球在面对球门的正中位置，离禁区也不是太远，所以范佩西准备用左脚施射，罗本在一旁羡慕地看着。范佩西最终还是从这位左边锋那里夺回了主角地位，现在是他闪光的时刻了。他的精彩抽射拿捏得相当完美，只比科特迪瓦的人墙高了几英寸，直挂球门左上角，“非洲大象”的门将让－雅克斯（Jean-Jacques）无能为力。

队友们将他团团包围，这个完美的进球好像宣告了“我也能做到”。非洲人下半场的反扑相当猛烈，范佩西在本方禁区内又成为英雄，挡出了他们的一个必进球。效力于切尔西的德罗巴接角球头槌重炮轰门，门将范德萨已经束手无策，但范佩西在门线上用胸部挡出了这记子弹般的头球。他展现了良好的纪律性，让自己的双手牢牢背在身后，避免无意手球。

赛后范佩西透露荷兰队在训练中做过针对性练习：“我们在训练中针对这样的情况进行过大量演练，所以站在门线上解围就是我的职责。不过这次的情况很难处理，因为球反弹起来冲着我的肩膀来了，我必须保持冷静，做出恰当的反应。”

“传奇”这个词已经被用滥了，但约翰·克鲁伊夫完全配得上此等赞美。这位荷兰名宿也在现场观看了这场比赛，并在赛后找到范佩西对他表示祝贺。能够进入下一轮而且打进这样一粒令人惊叹的任意球，范佩西自然很开心，他说：“我们很努力，有时打得不错，我们应该为自己进入下一轮而骄傲。我不知道我的进球和解围哪个更重要，我的进球也挺精彩。”

上赛季范佩西面对热刺的表现给对方主帅马丁·约尔留下了深刻印象，在荷兰队获胜之后他也有同感。他说：“我觉得范佩西太棒了，约翰·克鲁伊夫说他的心理特别强大，这是难以置信的赞美，因为在他去英格兰之前，大家还觉得他有点脆弱。”

在阿森纳两个赛季的历练明显收到了效果，比起从费耶诺德来到阿森纳时那株娇嫩的花朵，他现在取得了相当可观的进步。世界杯第二场比赛的强势表现告诉后卫们，他不惧怕像仙人掌那样在逆境中努力生长，跟他硬碰硬不是明智的选择。

范佩西和科特迪瓦球员科洛·图雷及埃布埃在阿森纳的训练场上一定少不了欢声笑语，范佩西说看到这支非洲球队被淘汰出世界杯、朋友们打道回府自己很难过。

同组的阿根廷队也已晋级第二轮，所以从某种程度上来说在法兰克福（Frankfurt）的小组收官战就没什么意义了。不过小组头名下一场比赛会稍微轻松一些，对手是实力相当一般的墨西哥队。范佩西表示两队应该比较放松，但取胜依然非常重要，因为要给第二轮积累信心。如果哪支球队能赢下这场比赛，他们就有充分的理由相信自己能在本届赛事中走得非常远。阿根廷上一场比赛 5 ：0 大胜，状态令人胆寒，荷兰队看得是又惊又怕。“我满脑子想的都是‘哦天哪！’”范佩西开玩笑说。

就像持票观众所担心的那样，这场比赛就像一潭死水。踢成这样完全可以理解，两队都不想耗费太多体力或者暴露未来可能采取的进攻手段。本场比赛以互交白卷告终，两位门将都没费太大劲。本场范佩西的表现十分平庸，在进攻当中没带来什么创造力，在最需要控制的时候控球惊人的差，主罚任意球偏得离谱，希望他是在给后面的比赛留力。

范巴斯滕不遗余力帮助范佩西，使得人们都在讨论他作为主教练干得多么出色，但与阿根廷队一战之后他完全跌下了神坛。内讧是荷兰队的标志，看起来他们在德国世界杯上又要重蹈覆辙了。

这是范尼第一次参加世界杯，但他已经有进球入账，所以当范巴斯滕在新闻发布会上表示范尼实力不够强，将不会参加他们的下一场比赛——第二阶段面对葡萄牙时，着实出乎大家意料。这个消息对范佩西来说犹如晴天霹雳，因为赢得世界杯冠军的希望实际上已经灰飞烟灭了。到目前为止，左右两个边锋在范尼身后打得很顺，随着赛事进行，这三人本来一定会成为更有力的武器。

范巴斯滕宣布范尼的技术水平不足以代表荷兰队出场，他们私下一定是有了矛盾。他力证说到现在为止的三场比赛，他每场都换下这名前锋，所以肯定不可能对范尼的表现满意。

范巴斯滕对目瞪口呆的记者们说："我们在边路有两名优秀的球员，别告诉我他们的贡献不够大。范佩西和罗本状态正佳，诚然，范尼在本届世界杯上遭遇了优秀后卫的盯防，但他本来应该已经习惯了。"

这可能会动摇军心，特别是范佩西，他和对球员不好的主教练处不来。

范佩西因为自己的表现受到了盛赞，法国攻击中场皮雷在世界杯开始前离开了阿森纳，但他对范佩西赞不绝口。皮雷说他这位前队友拥有坚持不懈的宝贵品质，在他们合作的两个赛季内进步巨大。他说对在国家队场场首发的范佩西还没有成为阿森纳常规主力有些奇怪。他说得有道理，但也许这和不同球队的风格有关。温格的球队有博格坎普和亨利顶在锋线，就很少有空间能允许罗本和范佩西这种攻击型边锋像在荷兰队一样内切。

温格喜欢把球员看作一个个课题，习惯打持久战，但对于国家队主教练来说情况不同，他们的目标就是尽最大努力把目前手上的牌打好，不太需要操心长远的未来。在不那么重要的比赛中，范佩西总是出现在锋线，温格计划把他改造成中锋，但从短期来说范佩西基本没有机会在阿森纳打上正选中锋。

皮雷很认可范佩西在提升右脚水平上下的功夫，正因为如此他才能打上世界杯。皮雷对《星期日泰晤士报》(*Sunday Times*)说:“对于边锋来说双脚均衡很重要,不过我们鲜少见到哪个球员能做到完全平衡,右脚不错的左脚球员也许更罕见,反过来的话倒是比较常见。这就是体育界当中左手将和左脚将的独特之处。我觉得,主教练范巴斯滕希望他能在内切的同时利用好射门的能力。”

在此之前很少有人说过范佩西是顶级球员,左脚非同凡响,在这个世界上许多球员都是右脚更强。皮雷说这是范佩西的可贵之处,因为他可以在别的球员觉得不可能的角度起脚。他将范佩西的临门一脚比作网坛巨星纳达尔(Rafael Nadal)的击球,后者是左手球员,也能找到“不可能”的角度。

一切都在荷兰与葡萄牙的交锋中土崩瓦解了,马尼切(Maniche)的世界波帮助斯科拉里(Luiz Felipe Scolari)的球队赢下比赛。在范尼缺席的情况下,荷兰队很难找到节奏,葡萄牙人只是打得稍快了那么一点。

说这场比赛“火星四溅”都是极度保守的描述,两队可以说互相打得“鼻青脸肿”。双方拼抢太过激烈,以至于后来本场比赛被称为“纽伦堡战役(The Battle of Nuremberg)”。两队各有两名球员被罚下,4张红牌和惊人的16张黄牌平了世界杯纪录。出人意料的是,范佩西并不在吃牌球员的行列 如果被人激怒,他本来是个定时炸弹才对。

范佩西几乎没有在比赛中找到立足点,也没有太多地参与到比赛当中。比赛开始之初他表现不错,先是在两名后卫之间成功找到空当,但在看了一眼球门之后射门却偏得厉害。之后他再次灵光乍现,里卡尔多·卡瓦略(Ricardo Carvalho)和努诺·瓦伦特(Nuno Valente)同时对他放铲,但他却将球拉出他们的防守路线,两名后卫只能在后面吃土,不过他的射门再次偏出。后来他还有一脚对球门毫无威胁的远射，此时荷兰队的进攻看起来完全没了章法。还有一次他也有进球机会，但葡萄牙的科斯蒂尼亚（Costinha）荒唐地决定伸出手臂挡住传球，结果使自己早早地回了更衣室洗澡。

一届杯赛开始得如此顺风顺水，但却以这样不堪的方式结束，真的很让人遗憾，范佩西也没在状态。他打进了本届世界杯上最精彩的任意球，但有一个难以捉摸的主教练和紧张的更衣室，让他的表现在这样的困境下有些时好时坏。

他只走了短短一段路就回到了家，很快，他就该把注意力重新转回阿森纳了。随着博格坎普挂靴，枪手的攻击线势必将迎来转型期，范佩西也必须靠自己巩固在球队中的位置。

他面临来自雷耶斯、阿德巴约、罗西基（Tomáš Rosický）和天才少年沃尔科特（Theo Walcott）的激烈竞争，他们都觊觎着亨利身边的这个位置。范佩西说博格坎普给他的所有建议和鼓励让他全副武装做好了应战的准备："他帮了我很多，有时我觉得自己问得太多了，什么都问。他的生活方式是我特别好的榜样——他是与众不同的人，在场上场下的为人处事都没话说。"

圣雄甘地（Mahatma Gandhi）说，"欲变世界，先变其身"，这句话用来形容范佩西最合适不过。他来到阿森纳时是个才华横溢但麻烦不断的年轻人，经过近距离亲眼观察自己的儿时偶像和两年的学习，该到他挺身而出成为阿森纳新的主力中锋的时候了。

在阿森纳的季前赛中他状态出色，8：1 血洗奥地利舒瓦多夫 SK 队（SK Schwadorf），他梅开二度。与雷耶斯做了一个干净利索的二过一的范佩西视门将为无物，打开了进球之门，让门将看上去像个傻瓜。下半场，他瞬间变身猎食的猛兽，将赫莱布的传中送进球门，对方后卫还没来得及做出反应。参加世界杯的阿森纳球星们通过这场比赛找回了状态，温格完美的安排再一次让刚刚归队的球员免除了压力的困扰，避免了一切麻烦。在与阿尔克马尔的友谊赛中，最后时刻的点球向温格展现出范佩西今年决心大干一场，也已经准备好在进球方面做出自己应有的贡献。

即将到来的这个赛季，范佩西设定了非常明确的目标。他对《每日快报》说，如果他想发挥更大作用，稳定是关键。他的好状态总是断断续续，温格还不能完全指望他有稳定的出色表现。范佩西说："我在自己参加的每场比赛中都必须有亮眼的发挥，我不想满足于做一个配角，偶尔进一个球。我必须让自己的同伴感觉到，我可以成为决定性的人物。我们瞄准的是最高荣誉，球队有足够的实力去实现。"

在与萨格勒布迪纳摩（Dynamo Zagreb）的两回合欧冠资格赛之前，阿森纳有几人受伤，有人说他们可能会在面对克罗地亚人时自乱阵脚。但范佩西放出信号说枪手不会受到干扰，也不会被场外琐事分心，他说："我们都知道这场比赛有多重要，不会让任何事分散我们的注意力。"

范佩西和演员芭芭拉·温德索（Barbara Windsor）同月同日生，在庆祝完 23 岁生日两天后，他在第一回合 3 ： 0 的大胜中破门，确保球队在欧洲"继续前进"（芭芭拉·温德索主演的系列电影）。范佩西的进球夹在法布雷加斯的梅开二度之间，在接到赫莱布分毫不差的直塞之后，他灵巧地带球过人直捣黄龙。本场比赛他表现出色，还从右路制造了法布雷加斯首开纪录的进球。

温格很高兴自己的青年军能在这种状况下如此出色地应对压力——三个进球价值连城，因为进入欧冠小组赛就意味着成百上千万英镑的收入。之后，又一轮国家队友谊赛袭来，扰乱了赛季揭幕前的备战，让温格怒不可遏。荷兰

4 ：0 横扫爱尔兰，在新人亨特拉尔（Klaas-Jan Hunterlaar）的大师级表演之后，范佩西打进最后一球。这个进球正是由这位上演国家队首秀的新兵传给范佩西的，范佩西的大力射门蹭到了横梁下沿入网。如果是上赛季，球肯定会砸到横梁上弹出来。有些东西的确悄然改变了。

阿森纳前球员皮雷已经和范佩西共事过两个赛季，他表示自己很确定范佩西会在即将到来的赛季得到更多出场机会。他提醒荷兰人，要想在队里有稳定而良好的表现，必须拿出最好的状态，因为温格手下聚集了一群令人过目难忘的进攻球员。

皮雷对《星期日泰晤士报》说："我觉得我们会更加频繁地看到他在阿森纳出场，不过下赛季温格可能会有些烦恼，因为有太多出色的球员希望填补前场的位置：范佩西、阿德巴约、罗西基、永贝里、雷耶斯、赫莱布。他们所有人都有能力与亨利搭档，主教练肯定对如何解决这一问题有自己的想法。"

在造价 3.9 亿英镑的新酋长球场，阿森纳首场比赛在落后的情况下，由吉尔伯托·席尔瓦接 17 岁新援沃尔科特的传中扳平比分。范佩西一开始只能在场边观战，直到 65 分钟才替补登场，他差点接到沃尔科特给席尔瓦的那个传中。

在世界杯代表国家队场场首发，却只能在俱乐部坐板凳，肯定让范佩西很失望。温格知道范佩西可能会沮丧，他表示 23 岁的范佩西还可以打接下来的比赛，并解释说在战胜爱尔兰之后范佩西应该很累。他说："周六面对维拉我要在罗宾和蒂埃里之间做个选择，之所以没有让他上场是因为我们还需要他打其他比赛。周中他代表荷兰队打了整场，赛季之初的 10 天将有 4 场比赛。"

在与萨格勒布的资格赛第二回合较量中，阿森纳的表现令人失望，他们长时间落后，直到范佩西的任意球喂给永贝里扳平比分，最后阿森纳以 2 ：1 胜出，第一次在酋长球场品尝到了胜利滋味。这是很长一段时间以来范佩西在阿森纳表现最好的一场，他让门将伊万·特尔尼亚（Ivan Turnia）手忙脚乱，其中一次射门如果不是门将挡了一下弹在立柱上，一定就进了。

阿森纳又一次向联赛冠军发起挑战，但他们的开局表现并不乐观，乔伊·巴顿（Joey Barton）的点球使得他们 0 ：1 负于曼城。在进球前几分钟，范佩西的射门击中了门柱内侧，差点破门，而在比赛临近结束时他被邓恩（Richard Dunne）铲倒，他也以为自己应该获得一粒点球。赛后亨利说这肯定是点球。范佩西还因为抗议而吃到一张黄牌，这让他愤愤不平。

球队因为这个判罚丢掉一分，温格义愤填膺。他说："在我看来这是个点球，因为邓恩已经跟不住范佩西了，他阻止了范佩西继续进攻，从背后推了范佩西，这是个点球。裁判可能会在赛季结束后吐露心声反省错误，但我们需要他们在这一天把事情做对。"

由于老将坎贝尔、皮雷和博格坎普等人的离去，范佩西发现自己成了队内资历较老的球员，要给沃尔科特这样的年轻球员提供建议。他对《周日独立报》(*Independent on Sunday*) 说，扮演这样的角色感觉不错，他喜欢和沃尔科特、法布雷加斯这样才华横溢的年轻人并肩作战："我 18 岁时开始代表费耶诺德出战，我在沃尔科特这个年纪时，可没有他现在这么优秀。他们都年轻，但这不是问题，他们年纪虽小但很出色。对我来说，能和这样的球员并肩作战是一种快乐，我觉得像法布雷加斯和沃尔科特这样的孩了值得去关注，在其他俱乐部也许 10 年才能出一个，而阿森纳一下就有这么多真的很罕见。他们那么年轻，那么有激情，能达到这个水平我们真的应该高兴。"

在阿森纳的两年，他成熟了，成长了，范佩西承认博格坎普和坎贝尔等老将在此过程中发挥了巨大作用。他沿着向上的螺旋曲线不断学习，也展现出帮助其他球员的热心，就像过去他从别人那里感受到的一样。

阿森纳的开局可能不甚理想，但范佩西说他依然相信阿森纳有能力冲击联赛冠军。在卫冕冠军切尔西同样吃到败仗之后，他说："希望我们每场比赛都能打出最高水准，然后看看最终排名如何。一切都还没有定数，不过切尔西输球对于大家来说都有好处。"

距离负于葡萄牙被淘汰出世界杯仅仅过去两个多月，荷兰和范佩西就重新回到正式比赛的赛场，征战 2008 年欧洲杯预选赛。和从前一样，范巴斯滕把范佩西的位置挪来挪去，一开始让他打右边路，但后来移到了中路。正是范佩西第 17 分钟的角球助攻马泰森（Joris Mathijsen）打进全场唯一入球。

面对白俄罗斯扮演自由人一定激发了范佩西的斗志，他打进两球，表现极具统治力。最终荷兰 3 ：0 获胜，预选赛前两轮全取 6 分。比赛进行到 60 分钟，他凭借无人能挡的长途奔袭打开了进球账户，后来又依靠门柱内侧帮忙收获第二球，接着库伊特锦上添花。如果范佩西在禁区内被绊倒时韦伯决定判罚点球，那他有可能上演帽子戏法。

世界杯上荷兰队差点起内讧，但在这场胜利之后范佩西反复强调了团队协作的重要性。也许他是想在打进两球之后把聚焦于他的镁光灯分一些给队里其他人。他说："这场我们踢得像个整体，这很重要。要打出我们的思路并不容易，但在像今天这样至关重要的比赛中，我觉得我们完成得不错。"

本场比赛范佩西表现抢眼，在他职业生涯的上升期，看起来是一片欣欣向荣的景象。已经长大的范佩西学会了把注意力放在真正重要的事情上，把无关紧要的问题抛到一边。他在接受《每日快报》采访时说：“我在各方面进步很大——无论是个人、球技还是心理。我已经变得更强大、更均衡，我知道如何分清主次。17 岁的罗宾・范佩西和 23 岁的罗宾・范佩西简直是天差地别。”

他也谈到了对队内年轻球员的关注，表示有时会在他们身上看到自己几年前有过的不良态度。他补充说：“有时他们太忙碌，在不重要的事情上浪费太多不必要的精力。我过去也这样，以我的经验，跟他们谈是完全没用的，成长的过程是用言语解释不了的。”

“我是这样过来的，他们也不会有什么不同。你必须自己经历过，必须自己发现什么是对的什么是错的，当你经历过某些事情，才能真正明白。这是我的切身体会。”

也许范佩西更成熟了，但是当枪手再次在新家辜负了大家的期望，范佩西也少了杀手的感觉。主队没能完成致命一击，米德尔斯堡拿到 分。那天范佩西唯一稳定的就是一直没能在高大的澳大利亚门将施瓦泽那里占得上风。他的一记任意球直奔上角，但澳大利亚队 1 号鱼跃伸展身体，将球用拳击出。当索斯盖特（Gareth Southgate）的球队摆起大巴，范佩西变得越来越急躁，比赛末段，他恶劣冲撞把自己防得死死的中卫伍德盖特（Jonathan Woodgate），能留在场上实属幸运。

和前一个赛季一样，阿森纳也没有在英超当中发挥出全部的潜力，但在欧冠这条长河中却畅游无阻，2 ∶ 1 轻松战胜汉堡（Hamburg）开始了欧冠小组赛的征程。接到阿德巴约的传球后，范佩西压迫到门前假装射门，门将出来撞倒了他，他狡猾地为球队赢得一粒点球，还让对方吃到红牌。队长吉尔伯托・席尔瓦一蹴而就，之后罗西基扩大了领先优势，随后德国人扳回一球。但范佩西精妙的任意球连续第二场被门将挡出。

由于认为范佩西故意制造了门将基尔施泰因（Sascha Kirschstein）的犯规，汉堡球迷在他在70分钟被换下时发出了嘘声。只要阿森纳最终取得胜利，他并不会太在乎，不过汉堡球迷和球员都很气愤，他们觉得范佩西只是被基尔施泰因的手套轻轻碰了一下，是他把事件夸大导致这名门将吃到红牌。

汉堡主帅托马斯·多尔（Thomas Doll）表示范佩西要么是平衡能力差，要么就是骗点球。他抱怨道："如果场上有11个人，我不认为我们会输。范佩西把球蹚得太大了，踩上了基尔施泰因的手然后摔倒。"

对于范佩西来说这完全是徒劳无功，这段时间没有卷入到争议当中，他可能都觉得无聊得很。这座能容纳50000多人的球场变成了一口恨意腾腾的大热锅，不过处理这种情况的能力正是温格将他带到阿森纳的一个原因。

范佩西对于假摔的指责很生气，称这是他非常反感的："我不会假摔，我也不赞成这样做，它对足球运动无益。也许不是每个人都看得清楚，但我确定在我试图过掉门将的时候有轻微的接触。"

夏天，左后卫阿什利·科尔带着嘲讽与谩骂离开了俱乐部，并写了一部书对老东家所发生的事情表达了自己的看法。在他某些过于严苛的语句出现在报纸上，声称俱乐部已没有过去所拥有的精神时，阿森纳相当有风度地保持了沉默。但范佩西无法容忍自己的俱乐部受到不公的批评，跳出来回应说科尔写的很多东西都是无稽之谈。

他说："对于我们精神的指责是无稽之谈，头儿说这套阵容是他执教过的最出色的，我同意。我们队年轻，充满才华，搭配合理。如果没有精神和专注，你肯定进不了欧冠决赛。那才是几个月之前的事。阿森纳是一家豪门，是个欢乐的大家庭，每个人肯定都想上场。"

高层们也许并不希望他这样说，他们可能曾指示过球员不要评论此书，不过这绝对为他在球迷中间赢得了印象分，因为科尔在转会死敌切尔西之后已经成了头号公敌。

因伤错过在老特拉福德里程碑式的胜利后，范佩西表示要想达到自己希望的高度必须比其他球员更努力："我知道这个赛季对我很关键，我的目标是在今年成为球队的重要成员。我总觉得自己必须比其他人付出双倍的努力才能得到想要的东西，所以有时我觉得自己得到的也是实至名归。从职业生涯开始到现在好像一直都是如此。我不是说教练的坏话，也不是抱怨，事实就是这样，它可以让我保持专注。我在这里两年了，如果你来自于不同文化背景、不同理念的俱乐部，你必须耐心，我可以理解。但两年也不短了，主教练也和我有同样的感觉，认为我现在已经准备好了。"

显然，范佩西觉得自己又一次要在困境中战斗。他认为在北伦敦磨炼两年之后，应该得到在一线队连续出场的机会。他说自己在世界杯上有些出人意料地连续代表荷兰队首发而且效果不错，给了他极大的鼓舞。范佩西迫切地希望能在温格的阵容当中赢得一席之地，帮助他们实现伟大的梦想，最终再次举起一座奖杯。

2 ：0 战胜波尔图（Porto），范佩西首发但没能登上进球名单，他浪费了两次好机会，之后亨利向他展示了正确的破门方法。他的头球力量不够，被门将埃尔顿（Helton）轻松摘到。他的串联也不及平时的水准，在传球时一反常态犹豫不决，使得波尔图能够阻止他发起有效进攻。

那次臀部受伤之后范佩西一直有些不在状态，但 2 ：1 战胜查尔顿的梅开二度，特别是打进赛季最佳进球之一，让之前的一切都被淡忘了。他在20码处的凌空抽射如出膛炮弹越过斯科特·卡尔森（Scott Carson），让门后的阿森纳球迷陷入疯狂。这个进球精彩绝伦，不仅赏心悦目，而且还是凌空射门的完美范本。

在此之前，阿森纳因为达伦·本特（Darren Bent）的进球一直落后，但赫莱布凭借一脚直塞精准地找到范佩西，范佩西的处理十分得当，扳平了比分。但如果与制胜球相比，这粒进球可能显得就比较平庸了。埃布埃在右路突破下底，当空间越来越小，他有些绝望地选择了传中。当球在禁区外不断下落，范佩西突然做出反应，在禁区左手边直接起脚凌空弹射，球越过了卡尔森打进右上角。

范佩西越过广告牌爬上几级台阶，与球迷一起疯狂庆祝，亨利开心地加入进来，也让温格以这样华丽的方式庆祝自己执教阿森纳10周年。后来范佩西对BBC说，这是他职业生涯到目前为止打进的最佳进球，因为阿森纳获得了比赛胜利，它的意义也更重了。

不过以范佩西的风格，他在山谷球场（The Valley）并非一帆风顺，在一次恶劣的铲球之后，他能留在场上甚至都是幸运。同胞哈赛尔巴因克（Jimmy-Floyd Hasselbaink）感觉到范佩西的铲球用尽了全部力气，随后二人发生争执，23岁的范佩西心中的恶魔全部被释放了出来，只吃到黄牌实在是幸运。

不过赛后所有的讨论都围绕着第二球，温格赞扬说这是“一生一次”的进球，甚至没有人能预见到它的到来。他激动地说：“球过去的时候我想我们在禁区里一个人都没有，忽然间范佩西以最快速度出现了。我以为射门会高出横梁，但这脚球的技术太完美了。它绝对是我执教阿森纳以来见过的最佳进球之一，简直难以置信。”不过，温格也对范佩西被哈塞尔巴因克激怒后发脾气感到担心，他知道因此吃红也不是什么难事，如果是这样的话，那个神奇进球就完全不可能发生了。和初来阿森纳面对南安普敦吃到红牌时一样，温格也恳求范佩西冷静下来，不要做任何蠢事。

温格把当场最佳范佩西比作年轻版的前队长维埃拉，后者早年间的脾气也不怎么好。如果他可以像这位法国名宿一样让自己不要那么容易被激怒，就有可能成为下一个维埃拉。温格引进他的时候，他就是一名缺点明显的球员，这也是费耶诺德为什么收取了相对较少的转会费的原因。

谦虚的范佩西马上赞扬了埃布埃给自己的助攻，因为如果换一种传球方式他就不会有机会打入这样一粒石破天惊的进球。他对《每日星报》(*Daily Star*)说："埃布埃的传中很精彩，带点弧线，当我看到球过来的时候，我满脑子想的都是直接抽球的正中央。踢出去之后我以为会打高，但它朝下走了，那真是美妙的时刻。”

如果主裁克拉滕伯格(Mark Clattenburg)选择罚下与哈塞尔巴因克发生口角的范佩西，这场比赛可能会完全不同，温格也透露自己一直考虑要不要换下范佩西。

查尔顿主帅伊恩·道伊(Iain Dowie)说这脚球绝对展现了超凡的技术，他希望自己是在家多好，这样就能为这脚凌空鼓掌，而不是坐在替补席眼睁睁看着自己的球队丢球。范佩西理所应当地成为了头条，他精彩绝伦的表演也证明，如果能稍微稳定一点，他可以轻松成为阿森纳最出色的球员。

看到球员们又要去打国家队比赛，温格十分气恼。在与保加利亚队的预选赛中，荷兰队明显不在状态，不过担纲中锋的范佩西为他们抢走一分。范尼斯特鲁伊其实真的应该在场上，但在他与范巴斯滕反目之后，范佩西的多面性再次成为国家队的救命稻草。他交出的答卷也很漂亮，打进一粒头球，赛后主教练盛赞他很全面。

与弱队阿尔巴尼亚的比赛，荷兰队的表现几乎是近年来最差的，如果不是范佩西再度发挥巨大作用，他们可能一无所获。范佩西的状态正值巅峰，他再次出任前锋并打进一球，之后迫使内维尔·德德（Nevil Dede）自摆乌龙。

在此之前，阿尔巴尼亚只进过一次欧洲杯决赛圈，他们使尽了浑身解数，终于由库里（Debatik Curri）洞穿大门。现在范佩西似乎成了荷兰队最主要的进球来源，因此看到他将球从出击的门将身下送进大门为球队首开纪录，全队一定松了口气。这又是一个难度颇高的完美凌空——比起面对查尔顿那个备受称颂的进球，距离更近一些——经过一系列头球铺垫之后，球从门将身下滚进了大门，好像小孩在街头踢球时玩的游戏“头球喂凌空射”。

阿尔巴尼亚人显然将范佩西视为巨大的威胁，但尽管接球时受到两人盯防，他还是找到了进入禁区的路线，在尝试倒三角传球时，球弹到了德德身上飞入球门。这两个进球已经足以让荷兰重回胜利轨道，但是当范佩西在比赛结束后步履沉重地走下球场时，他的表情很凝重。他一直都传递着这样一个信号：球队需要踢得像个整体，某些队友不及格的表现让他愤怒。和某些时候的罗本不同，范佩西绝对不喜欢大包大揽只靠一己之力。

在国家队再次成为主角之后，范佩西在阿森纳主场与沃特福德（Watford）的比赛中被放在了板凳上，沃尔科特第一次代表俱乐部首发。温格不想透支范佩西的体力，但这样一个决定完全释放了错误信号，范佩西有些担心来自这位英格兰年轻人的竞争，左路是他最喜欢的位置之一，但沃尔科特在这里的表现相当抢眼。

当范佩西终于从替补席登场时，他的心情似乎很低落，但他对《每日快报》说，这只是反映了他专注的态度。如果不投入或者觉得某些事不对，那他一定会让大家知道自己的感受。

他说："我不是那种在场上什么都可以一笑置之的人，我总是要求自己做到尽善尽美——如果事情没有按照计划发展，我会非常失望，这时我就必须克制住自己的脾气，必须冷静下来。对于我来说，这样是激发出自己最高水平的最佳办法。"

这种不妥协的态度让他得到了暴躁的名声，随着时间的推移，他也在学习退后一步，控制脾气。对于众所周知的脾气火暴的球员来说，在场上总是会遇到困难，因为像哈塞尔巴因克这样的对手会不断地试探你。

阿森纳已经习惯了酋长球场平整顺滑如天鹅绒般的草皮，当他们前往莫斯科中央陆军（CSKA Moscow）主场进行欧冠比赛时，的确吓了一大跳。在严寒之中，枪手 0 ：1 落后，场地完全毁掉了范佩西的一次机会。这场比赛可以与在唐卡斯特的贝尔维尤球场（Belle Vue）举行的联赛杯比赛相提并论，那场艰苦的比赛范佩西可谓"死里逃生"。范佩西的冲刺形成单刀，看起来进球是势在必得，但球却从草皮上怪异地弹起，他纵然风驰电掣也是枉然。当范佩西再次单刀却因带球太多错过机会时，亨利十分生气，因为他本来应该和法国人密切配合才是。

亨利怒了，对着范佩西大喊大叫，他觉得荷兰人浪费了一个完美的进球机会。温格尽全力想减少关于两名射手之间不和的议论，他说球员偶尔生气十分正常："前锋经常会有挫败感，但我看不出他们之间有任何问题。罗宾进步巨大，当他来到阿森纳的时候都不是费耶诺德的首发，但现在却成了荷兰队的常规主力。这可以说明他进步的幅度之明显，我认为他是个优秀的球员。周二他有一次受到了打击，表现得有些犹豫，带球过多，然后门将出来了，一切就太晚了。不过这也很正常。"

赛季开始将近三个月，奇怪的是，范佩西在国家队表现得非常出色，但只为俱乐部打进 3 球。亨利是世界上最优秀的球员之一，当其他球员的能力无法与他匹敌，他自然会生气。不过，他必须对范佩西耐心一点，因为荷兰人还在努力寻找他急需的稳定性，这样才能帮助他更上一层楼。

那天切尔西主帅穆里尼奥吃了好大一盆酸葡萄，他的球员因为离开球场与球迷一起庆祝进球吃到了黄牌，这让他怒不可遏。他指出，范佩西在与查尔顿的进球后也离开了球场，跨过广告牌爬上几级台阶去拥抱球迷，但却没有吃牌。如果是同一个裁判，应该不会向切尔西球员出牌，这也体现了现代足球的矛盾之处。

阿森纳做客雷丁，范佩西回归进球轨道。赫莱布和范佩西最好的搭档亨利所参与的一次精巧的团队配合，让荷兰人轻松地帮助客队取得 4 ∶ 0 的领先。阿森纳 11 号几乎找到了自己的最佳状态，上演了一次不可思议的 60 码长途奔袭，但射门却偏出了球门，让球迷们捶胸顿足。如果进了，这个球甚至比在山谷球场的进球还精彩。当范佩西想跟上补射法布雷加斯的射门时，他与门将哈内曼（Marcus Hahnemann）撞在了一起，以前爱吃牌的毛病似乎又回来了，不过他极其幸运地逃过了处罚，主裁阿兰·威利（Alan Wiley）只对他耳语了几句。

亨利说这是团队的胜利，他是对的，因为不仅球员状态好，全队的表现都非同一般，雷丁毫无招架之力。当埃弗顿做客酋长球场时，范佩西又踢出一脚酷炫的任意球。范佩西跑了两步又停下，然后再次启动，起脚划出一道弧线绕过埃弗顿人墙直奔球门右上角。球前完全没必要站四个人，因为当范佩西主罚的时候他们都没动。霍华德已经尽力飞身扑救，他的手也碰到了足球，但因为射门力道太大，他只稍稍改变了球的线路却无法阻止它进门。

这是范佩西的又一个精彩进球，阿森纳商业团队一定欣喜地搓着手，盼望赛季回顾的 DVD 能够大卖。在他庆祝又一经典进球的同时，布切拉应该也很高兴地在报纸上读到那个周末丈夫在伦敦著名的中国白（Chinawhite）夜店无视了几个姑娘的示好。

回访酋长球场的莫斯科中央陆军又一次让阿森纳挫败，两队踢得很有冷战范儿，而范佩西是阿森纳阵中错失门前黄金机会的罪人之一。如果他没有在开场 5 分钟时将近在咫尺的射门打高，比赛可能会完全不同。他还有一次头球稍稍偏出远门柱，而亨利完全无法理解他的球队为什么没能进球。范佩西不是唯一浪费大好机会的球员，球队就是没办法将机会转化为得分。亨利说："我们拼劲十足，态度端正，表现良好。我们一次又一次创造机会，但就是没能把球送进网窝……塞斯克有一次，罗宾·范佩西有三次。我们的机会太多了。"

赛后，范佩西开诚布公地承认，如果想成为更好的球员，他必须提升自己的调度和传球能力。他对《晚旗报》说："我想帮助队友，想让他们在任何情况下都信任我，知道我在场上能随时提供帮助。对于一名前锋来说，为集体努力奉献是非常重要的，直塞、助攻，或者仅仅在那里时刻准备着帮助队友都可以。"

团队协作这样的老调又被重新弹起，范佩西相信更加团结的阿森纳将会从低谷中爬起。也许从欧冠的表现当中已经可以看到更无私的态度所带来团队的进步，之前范佩西和法布雷加斯都因为经常试图单打独斗而遭到严厉批评。

低迷的状态还在继续，在 0 ： 1 负于西汉姆的比赛中，范佩西再次丢掉了射门靴。荷兰人本来能通过亨利的头球助攻早早打开进球之门，但主队门将罗伯特·格林（Robert Green）敏捷地倒地将球碰出门柱。范佩西的情绪再次急躁起来，由于遭到乔纳森·斯派克特（Jonathan Spector）的粗暴对待，他鲁莽地滑铲对方从而让自己吃到了黄牌。

厄普顿公园球场的球迷对他气势汹汹的态度很反感，他被看台上扔下的一枚硬币击中。客战汉堡的情景再次上演，整场比赛范佩西都承受着球迷的倒彩，直到下半场在一片嘘声中被换下。换下他这个决定有些奇怪，因为他是最能给主队球门持续制造威胁的人——范佩西经常会在这样的情况下大放光彩，之前在荷兰，他就是在激烈的德比战的白热化气氛中长大的。

技术好的球员总会成为主队球迷针对的目标，加上他还被指控强奸，有些对手的球迷就在找人发泄不满情绪时将他视作理所当然的选择。在被一个两便士硬币打中后他倒在地上，从那以后空气中的敌意变得更浓了。范佩西接受治疗期间比赛停止了几分钟，警察也在地上找寻那枚硬币。

赛后，西汉姆主帅阿兰·帕杜（Alan Pardew）表示足球场上不该出现这样的事件，他希望可以通过监控摄像头的录像追踪到始作俑者。对于阿森纳来说幸运的是，这样的事件不仅没有吓退范佩西，反而只能激发他的斗志，让他变得更加坚定。

赛后，足总郑重声明要开展全面调查，让作案者得到应有的惩罚。不过我们也可以想到，监控录像并不能确定真凶的身份，足总也没有针对任何人提起控告。

英格兰前主帅格拉汉姆·泰勒对《每日电讯报》说，范佩西是英超最出色的青年才俊之一，相信他最近糟糕的表现很快就会过去。

在阿森纳与利物浦的大战之前，红军的库伊特表示他迫不及待要战胜国家队队友范佩西。库伊特说转会到英格兰让范佩西成长迅速，也日益融合到了球队当中。他说："作为球员、作为男人他成长了许多，看到他在这里表现这么好，真让人开心。"

在汉堡的疑似假摔事件后，范佩西坚持表示自己不是骗子，但事实胜于雄辩，在 3 ：0 完胜库伊特的利物浦之中，他的一次故意手球让自己蒙羞。范佩西在逼近雷纳（Reina）把守的球门时，用拳头将球一打，球越过西班牙门将滚进开阔的大门。然后他居然还有勇气奔跑庆祝，但最终被老朋友克拉滕伯格的一张合情合理的黄牌拉回了现实。范佩西认为这样拙劣的犯规能逃过裁判的眼睛真的很搞笑——他以为自己是谁，马拉多纳（Diego Maradona）？赛后他坚称自己不是骗子，只是一门心思想着胜利。

2006 年 11 月 16 日，范佩西的妻子布切拉生下了二人的第一个孩子，并给小男孩取名沙奎尔（Shaqueel）。罗宾很骄傲他们把一个新生命带到世间，后来在荷兰队参加世界杯期间的博客中，他说孩子完全改变了他们的生活。罗宾说："他是我的一切。每天都是一场冒险——对他，对我们都是，他也改变了我们。我的太太和我之前过着波西米亚（bohemian）式的生活，现在我们都非常负责，甚至可能负责过头了。比如说之前我从未系过安全带，现在这是我上车的头一件事。我也不再开快车了。看到我做父亲的样子，我太太甚至更爱我了。吉尔伯托有次对我说，母亲是世界上最艰苦的工作，的确如此，需要 24 小时待命。我很钦佩她。”

沙奎尔的到来意味着范佩西将错过荷兰与英格兰的友谊赛。经历了过去几周的忙碌，能有这样一个休息的机会反倒是一种幸事。

成为新晋奶爸再次引起荷兰国内对范佩西的讨论，报纸上开始说他是新克鲁伊夫。他整个职业生涯可能都要忍受与克鲁伊夫和博格坎普的比较，但现在范佩西变得更务实了，能够以一分为二的态度处理好报纸上的评论。毕竟他以前曾被媒体伤害过，所以他对他们所说的东西并不那么感兴趣。他说："是的，这是一种赞美，但我试着不去想它。每次上场我都努力付出一切。感谢大家夸奖我，但我不会想‘哦我的天哪，他们觉得我是下一个克鲁伊夫’。我知道一个月后同样一帮人可能会把我贬得一文不值，足坛最顶层的生活就是如此。”

范佩西的职业生涯进行到现在，好像一直与伤病脱不了干系。纽卡斯尔的硬汉中场尼基·巴特（Nicky Butt）也给了他一下，一脚凶狠的铲球让范佩西瘸得很严重。半场时他不得不被换下，赛后温格的表情写满担忧，他表示自己认为范佩西的脚看起来不乐观。幸运的是，几天后他就可以训练了，俱乐部在声明中说伤情没有一开始所担心的那么严重。

阿森纳 3 ∶ 1 战胜汉堡晋级欧冠淘汰赛，范佩西在比赛中扮演了重要角色。德国人一开始占据上风并早早领先，但范佩西打进一粒关键球宣告命运的天平开始向阿森纳倾斜。法布雷加斯一记助攻撕破对方防线，范佩西稍作调整在近门柱洞穿对方大门。由于法布雷加斯的传球来自于范佩西的左侧，因此他用右脚接更舒服，而他攻破对方球门的自信让人完全看不出这是他的弱势脚。

阿森纳开足马力要冲回榜首，范佩西主罚的一记精彩任意球差点破门，还有一脚射门被对方挡出。下半场范佩西被推到更靠前的位置，球队更加直接的打法也收获了回报，进球终于到来。温格表示这是一场令人信服的逆转，并表扬了球队拒绝给自己留下遗憾的韧性。

回到英超，他们在克拉文农场（Craven Cottage）却遭遇了困境。不过安迪·涅米成为又一位被范佩西的任意球破门的门将。范佩西离球门足有 30 码远，而且罚球点位置也不算太正，但是当他的左脚触到足球，芬兰门将就毫无机会了，因为球划了一道弧线旋进了球门左上角。不过这对阿森纳来说还不够，最终他们以 1 ：2 负于黑马富勒姆，开始与积分榜前列渐行渐远——现在他们离榜首的曼联差了 16 分之多。加上阿森纳的状态也不够好，温格几乎就要扔毛巾认输了。

阿森纳前主帅乔治·格拉汉姆（George Graham）跳出来说范佩西还没能完全填补博格坎普留下的空白，因为比起荷兰前辈他更像是个纯射手，而博格坎普则更多地参与到串联当中。在荷兰队的自由让范佩西发挥了奇效，但格拉汉姆并不认为这种方法适合阿森纳。他说："他（温格）在罗西基、赫莱布和范佩西这样的球员身上砸钱，但我并不清楚他们任何一个的位置在哪里。他们拿球时都非常从容，也是出色的传球手，但他们的位置总是游移不定。"

3 ：0 战胜热刺，让枪手的痛苦缓解了些许——这正是他们最需要的。吉尔伯托·席尔瓦两次罚进了范佩西制造的点球。不过第二个点球让他的名声再次染上了污点，他是不是突然觉得用手完全没问题?

面对第二位的切尔西，枪手得到一场可以接受的平局，但范佩西似乎不在状态。他曾说，像这样哑火的日子会让自己在赛季结束后的暑假懊悔不已。他将任意球打在人墙上，射门偏出目标，又把无人盯防的头球机会顶出了横梁。

由于阿德巴约风头正劲，下一场联赛温格将范佩西放在了板凳上。

这位多哥前锋开始侵占范佩西在一线队的出场机会，他在朴茨茅斯（Portsmouth）来访时成功攻破大卫·詹姆斯的十指关，而这是范佩西没有做到的。詹姆斯扮演了英雄的角色，他本能地伸出一条腿挡出了范佩西砸向地面的头球，随后又在一次必进球机会中封堵住了范佩西的双脚。在枪手即将收获一场令人失望的 2 ：2 平局之时，范佩西最后时刻决定在左侧边线射门而不是传球给队友，让人更加无法同情他的处境。

下一场比赛面对布莱克本，范佩西找回了状态，阿森纳 6 ：2 大胜也绝非巧合。范佩西主罚角球精确助攻吉尔伯托·席尔瓦头球破门，好像是从训练场上直接搬过来的一样。比赛末段，范佩西自己则成为了主角，他从右路内切，用左脚撩起一道弧线划入远角。仅仅几分钟后，他又打入精彩的第二球。他完美的跑动恰到好处地避过了越位陷阱，第一次用左脚将球送进主队大门，无可挑剔。温格因为这个进球而非常激动，因为它是前锋之间精诚协作的结果。他说这才是真正的阿森纳式进球，是团队协作的非凡成果。

阿森纳的第三球，范佩西面对卢卡斯·尼尔的铲球十分轻易地就倒在地上，赢得一粒点球，阿德巴约一蹴而就。严格意义上来说，他是被尼尔绊倒了，但夸大的程度肯定是存在欺诈嫌疑，这可不是温格期望自己球队打出的那种美丽足球。

赛后范佩西坚称在英超没有比阿森纳更好的球队。他自夸说："虽然让人失望，但我会从积极的角度来看。我们每一场比赛都在证明自己是最好的。我看了很多足球比赛，有时我在电视上看比赛时会想，'我可永远不会在那个队踢球'。看到这些比赛时，我真的很高兴自己能在一支踢得赏心悦目的球队。"

对于阿森纳来说不幸的是，胜利只会奖给那些将足球送进对手网窝最多的球队，打得引人入胜不会得到任何奖励。由于阿森纳落后曼联 14 分，他们肯定是在某些方面做得不够好。不过，范佩西的前途似乎是光明的，当阿森纳在欧冠淘汰赛抽到埃因霍温，他一定摩拳擦掌热切期盼着这次交锋。

坦率地说出自己的想法，之后才担心会不会树敌的问题，这是典型的荷兰人作风。在与埃因霍温的欧冠比赛之前，范佩西并不打算与人为善。他声称英超比荷甲更好，自己了解对方每一名球员的弱点，这掀起了又一次臭名昭著的口水仗。当他得到机会贬低自己在费耶诺德时期最大的死敌，他无法控制自己，即使冒着激怒对手的危险。

2 ：1 战胜沃特福德，范佩西及时打进绝杀，这也是他个人赛季的第 10 球。沃尔科特直塞给范佩西，后者高速内切，将球打进下角，锁定三分。让人无法忽视的是，范佩西本赛季贡献了不少助攻，温格赞扬他能给队友做球，而不仅仅是看到球门就射。

温格说范佩西本赛季成长了很多，并强调了他在队中的重要性，他热切地表示：“在他身上体现出了更多博格坎普的特质，比如临门一脚、快速决断和起脚的干脆利落。他进球的那次射门非常漂亮，现在他正在不断成熟，并成长为一名团队型球员。”

尽管在过去几周打进数个关键进球，范佩西还是表示球队很想念已因伤缺阵数周的亨利。他还说：“不过即使没有他，我们的表现也非常不错，这是对我们的极大鼓舞。”

加盟枪手以后，范佩西的确强壮硬朗了，但球队在布拉莫巷（Bramall Lane）面对谢菲尔德联队遭遇灾难性的失利，他也经历了艰难的一晚。这支球队刚刚从英冠升上来，给阿森纳养尊处优的球星们好好展现了一番英格兰足球金字塔下端是怎么踢球的。

赛后温格抱怨这支约克郡（Yorkshire）的球队瞄准了范佩西，有些铲抢是“难以接受的”。他甚至控诉“刀锋”的门将克里斯·摩根（Chris Morgan）拳击范佩西。他痛心疾首地说：“什么叫身体对抗？一拳打在肚子上叫身体对抗吗？长久以来我都感觉我和媒体之间关于什么叫身体对抗存在着误解。”新年伊始，摩根因为行为不当被足总处罚。

更让范佩西痛苦的是，他在最后时刻的扳平球被后卫菲尔·贾吉尔卡（Phil Jagielka）挡出，贾吉尔卡顶替受伤的帕迪·肯尼（Paddy Kenny）把守大门，将身体完全伸展做出一次不可思议的鱼跃扑救。赛后贾吉尔卡形容阿森纳是“大婴儿”，整场比赛都在抱怨对手的球风，终场哨响后范佩西甚至拒绝了凯斯·吉莱斯皮的握手，将北爱尔兰人一把推开。

以这样的方式结束一年真是不走运，但国家队主帅范巴斯滕表示过去一年范佩西在国家队层面是欧洲最棒的年轻球员，并相信他会在 2007 年复制更多这样的表现。他说范佩西在同行温格的指导下进步惊人，尽管球队在葡萄牙遗憾出局，但范佩西在世界杯上表现十分惊艳，他相信新的一年范佩西会取得更大更辉煌的成就。

范巴斯滕对《镜报周日版》说：“他的天赋太出众了。世界杯之前我对于荷兰队最强大、经验最丰富的阵容还有不同想法。范佩西还不算完全成熟，但当他抵达训练营，他的健康状况难以置信地出色，他充满了活力。”

这位世界和欧洲前年度最佳球员承认，范佩西在训练中打出如此亮眼的表现之后，自己为了将他纳入首发完全改变了战术。范佩西非常幸运，自己的国家队主帅拥有如此开放的思想，因为许多主教练对于如何排阵的想法都已经定了型，很难有什么能改变他们。

范佩西回应说，如果人生中没有温格和范巴斯滕，他肯定还会非常自我，无法学会如何作为球队一员去踢球："在我遇到温格和范巴斯滕之前很自我，我知道自己有些天赋，经常在场上耍耍花活，但仅此而已。在真正的大场面中，当没有时间和空间去耍花活玩技巧的时候，我就不知道怎么做了。"

"在阿森纳以及在范巴斯滕手下，我学会了如何踢得快速简单，在快速的团队足球当中我学到了很多东西。我开始为其他前锋长途奔跑，为我们的中场创造空间。来到阿森纳以及与范巴斯滕共事是我职业生涯中最重要的两件事。"

2006—2007 赛季上半段，范佩西显然更多地参与到了阿森纳的集体配合当中。之前在荷兰队，他已经学会专注于从右路为中锋范尼创造机会，因此也使得他在俱乐部更加注重全局。

阿森纳 4 ：0 痛击查尔顿开始了新的一年，范佩西在中锋位置上打进两球，团队精神闪耀全场。这是范佩西近 5 场比赛打进的第 4 球，赛后"鳕鱼军团"肯定很高兴看到荷兰人终于离开了。

凭借范佩西赢得的点球，亨利首开纪录，宣告了自己的回归。查尔顿后卫桑科法（Osei Sankofa）无法追上范佩西，慌乱之下将他拉倒在地吃到红牌。赛后查尔顿主帅阿兰·帕杜表示范佩西的奔袭"十分精彩"。后来范佩西又亲自打进一粒点球，并在比赛最后一分钟梅开二度，将赛季进球总数扩大到 12 个。

亨利说大家都知道范佩西在中锋位置上可以进球，以他现在的状态可以说是无人能挡。亨利也尽了自己最大努力帮助这位队友保持连续进球，无私地把第二粒点球让给了范佩西。对手对亨利的犯规导致裁判判罚点球，但他说愿意将机会给队友，并表示自己“对进球没有执念”。

他补充说范佩西有潜力成为英超历史上最优秀的球员之一：“如果他想，如果他保持正确的心态，就像现在一样，那么在未来数年，他可以成为英超史上最好的球员之一。如果他最终能成为阿森纳历史头号射手就太好了，这对他来说将是特别的荣耀。罗宾在国家队、在阿森纳都在朝着这个方向前进，能走多远都取决于他自己。”

亨利向范佩西发起挑战，想看看他能在足坛走多远，并坚持认为他应该做自己。范佩西也持同样的看法，他希望能给 11 号打上自己的烙印，暂时不去碰博格坎普那神圣的 10 号战袍。

阿森纳在足总杯中 3 ：1 战胜利物浦，一切又重回正轨。亨利重新承担起了进球的责任，范佩西后撤扮演僚机的角色，在亨利受伤之前他在这个位置表现得很棒。范佩西差点打进一粒进球，他的右脚射门命中目标，但却被杜德克（Jerzy Oudek）拒之门外。从头到尾亨利和范佩西都合作得天衣无缝，前者聪明的大力传球使得范佩西又有了进球机会，但卡拉格（Jamie Carragher）作为最后一道防线一记精彩铲球将其破坏。亨利的做球十分完美，而他也终于有了一位能建立起默契的锋线搭档。

随着亨利回到阵中，范佩西的进球开始停滞。他才刚刚习惯担任球队的箭头人物和主要得分点，但亨利大帝伤愈复出他就要让位回撤，这对他的身心一定是巨大的打击。几天后 2 ：0 战胜布莱克本的比赛依然是相似的剧情，亨利进球，得到掌声与喝彩，而范佩西尽全力创造机会，把球往前送。

不进球不意味着范佩西变差了，但亨利立刻回到首发当中直接拿回他受伤前的一切一定很让范佩西失望。卢卡斯・尼尔和老冤家又结新仇，在范佩西向大门发起进攻时将他掀翻在地。像往日一样遭遇粗暴对待后，范佩西表现不错，没有发脾气。

他与尼尔的冲撞导致本来脆弱的脚踝更加不堪一击，在训练中再次受轻伤，能否出战与曼联的比赛成为疑问。对于他而言，通往巨星之路的一大阻碍就是玻璃属性，尽管他及时伤愈赶上了这场在酋长球场的大战，但他会很快希望自己如果当时没赶上该多好。

替补登场的范佩西很快发挥了巨大作用，他将法布雷加斯的传中转化为进球，帮助阿森纳扳平比分，最终他们以 2 ：1 取胜。悲惨的是，在庆祝进球时范佩西的右脚第五跖骨骨折。赛后立即进行的 X 射线检查也确诊了伤情，这让温格十分担忧。他说："我们非常担心罗宾·范佩西，他从非常深的位置前插打进了一个不可思议的进球，他是有这个能力的。"

在亨利缺阵的情况下，范佩西表现十分突出，在亨利回归后又与他配合默契，温格担心他将缺席很长一段时间。他是对的，因为尽管初始诊断是需要两个月恢复，但这次伤病实际上让荷兰人的整个赛季都报销了。在阿森纳被埃因霍温淘汰出欧冠，在本土杯赛一无所获，又因净胜球劣势在英超第三名之争中输给利物浦的时候，他只能做个看客。这个赛季的结局不如人意，但尽管缺席了很长一段时间，范佩西依然以各项赛事 13 粒进球成为阿森纳的赛季最佳射手。

第六章　新的责任

这个夏天，蒂埃里·亨利离开阿森纳转会去了巴塞罗那。所以在接下来的 2007—2008 赛季里，范佩西需要为球队分担更多摧城拔寨的重任。上赛季末尾他的伤势已接近痊愈，但在那个令人失望的赛季里，阿森纳已没有可以为之奋战的荣誉，所以温格决定不让范佩西冒着伤势加重的风险复出。

在季前的热身赛中，范佩西找到了进球感觉。这个休赛期，阿森纳再度遭遇了重要球员的流失，而范佩西已做好准备顶上亨利离开后的空缺，出任阿森纳的中锋。在一场不受人关注的逆转比赛中，范佩西面对土耳其球队根塞尔伯里吉（Genclerbirligi），在远门柱位置完成了一粒进球。这同上赛季对曼联的比赛中导致他受伤的那个进球无比相似。这一次进球后他没有再度惨遭骨折。现在，是时候为新赛季加把劲了。他对《标准晚报》（*Evening Standard*）的记者说："我的反应是，'好吧，我对曼联时进了个球，现在我又进了个相似的球'。仅此而已。那段灰暗时期已经过去了。现在我得兴奋起来，重新上路。过去的都已成为历史了。"

温格过去曾有意保护范佩西，不让他碰上过去在荷甲的死敌阿贾克斯。但这一次，温格决定不再过分保护球队的头号射手了。荷兰俱乐部似乎认为在"友谊赛"中冲着一名费耶诺德前球员下黑脚没什么不合适的，但是这场比赛中，范佩西笑到了最后。他在比赛末尾打入了制胜进球。

事后想来，这或许不是一个明智的时间和地点去进球。几十秒后范佩西就被约翰·海廷加（John Heitinga）放倒。如果范佩西因为这次犯规而严重受伤，温格就得不偿失了。赛后，温格表现得很镇定，他表示球队曾遇上过采用类似战术的球队，比如谢菲尔德联队和唐卡斯特流浪者队。他说:“在英格兰，人们都知道你需要用粗野的动作对付阿森纳。现在这一观念明显也传到了国外。我并不担心对手的动作过大，因为胜利是我们做出的最好的回应。”

范佩西显然永远不可能在阿姆斯特丹的街上安全地散步。但他已证明他在场上无法阻挡，更不会被人激怒，进球就是对他最好的奖赏。范佩西完成了进球，也没有因为对手的挑衅而吃到红牌。这场比赛，范佩西大获全胜。

赛季开始前，包括热刺前球星莱斯·费迪南德（Les Ferdinand）在内的许多专家都认为阿森纳有实力，但缺乏经验。英格兰传奇射手在接受《卫报》（*Guardian*）的采访时称他认为范佩西“相当不错”。这话出自一位热刺前球员之口，算得上是发自内心的称赞了。

温格手头的射手不多，所以他需要现有的锋线球员能够在场上合作，这对温格来说至关重要。他认为范佩西可以同阿德巴约合作愉快。多哥前锋在位置上同范佩西存在一定冲突。虽然他的技术不如范佩西出色，但他十分强壮，能够不讲理地冲开对手防线，他的存在让阿森纳的前场更加强硬。温格说:“我认为范佩西进步得非常非常快。他在场上更加成熟，埃曼纽尔·阿德巴约的出色发挥也能使他受益。阿德巴约可以在场上为他创造空间。这两名球员总能踢出很好的配合。”

吉奥瓦尼·范布隆克霍斯特走了一条与范佩西相反的职业生涯路线。这个夏天，他从阿森纳转会去了费耶诺德。在离开球队后，范布隆克霍斯特表示范佩西自成名以来已经取得了无法估量的进步，他相信范佩西已经做好准备更进一步，成为俱乐部和国家队的关键球员。他对《卫报》记者说："如果你将现在的他同那个刚为荷兰队上演首秀的小孩相比——我还记得他当时清瘦而自信的样子——他取得的进步是巨大的。他现在变得更加稳定和强壮。他已经准备好担任阿森纳和荷兰国家队的领袖。荷兰的球迷都认为他是未来国家队的核心球员。"

正如人们所期待的那样，新赛季开赛时，范佩西在阿森纳的前场居于中心位置。赛季的开始也相当顺利，2 ∶ 1 战胜富勒姆（Fulham）的比赛中他打入了一粒点球。他本来还可以多进几球的，但他的一生之敌——门柱——挡出了他的射门。球队的表现还称不上多么优秀，但至少他们用胜利给这个赛季开了个好头。富勒姆主帅劳里・桑切斯（Lawrie Sanchez）指责范佩西在比赛中有跳水行为，但他在电视上看了回放镜头后为自己的无端指责向范佩西道歉。

欧冠联赛附加赛对布拉格斯巴达（Sparta Prague）的比赛中，范佩西同样保持着火热的状态，帮助球队 2 ∶ 0 取胜。但他实在是很不走运，没能收获个人进球。比赛中，对方门将托马斯・普斯杜卡（Tomas Postulka）两次扑出了范佩西的射门。他先将范佩西的任意球拒之门外，之后面对着依靠漂亮的假动作杀入禁区的范佩西，他迅速倒地扑到了范佩西的低射，球绕着门柱稍稍偏出。

范佩西还在比赛中吃到了黄牌。捷克球队的动作十分粗野，于是范佩西决定以牙还牙。温格很高兴看到自己的弟子在场上针锋相对的表现，他在接受

《标准晚报》的采访时说："你遇上了这样一个对手，他们觉得对阿森纳就该这么踢。但是我们必须让他们明白，我们已经不是原来那支球队了，我们已经做好准备迎接挑战。"

范佩西在联赛第二轮打入了赛季的第二球。一场火爆的比赛后，阿森纳同布莱克本 1 ： 1 战平。范佩西比赛中的进球显示出他所取得的长足进步。这是一个杀手式的进球。禁区内一片混乱，球被弹到点球点附近，范佩西果断推射得手。

《每日比赛》的评论员们对于范佩西的进球表现得非常激动："走遍世界都很难见到比这更漂亮的进球。他的爆发力、对球的控制、身体的平衡以及最后的射门，一气呵成，简直令人目瞪口呆。博格坎普或许已经来到了他职业生涯的暮年，但现在，另一个荷兰人迎来了他的春天。"

温格称布莱克本有着"对暴力的渴望"，但布莱克本主帅马克·休斯愤怒地回应称全场最恶劣的犯规来自于范佩西。温格却转而表示范佩西几个赛季以来都令布莱克本吃到了不少苦头，他还认为范佩西注定要成为俱乐部的关键球员。他对《星期日快报》（*Sunday Express*）的记者说："范佩西这几年一直是对手的眼中钉和肉中刺。他有着绝伦的天赋。或许现在是时候让他达到更高的要求，成为球队的关键人物了。"

球队的关键人物所需要做到的一件事就是挺身而出，承担主罚点球的责任，并且将点球命中。对曼城的比赛中，范佩西让球队失望了。他主罚的点球角度太正，被对手的丹麦门将加斯帕·舒梅切尔（Kasper Schmeichel）用脚挡出。舒梅切尔的父亲是曼联的传奇门将彼得·舒梅切尔（Peter），后者曾在 1999 年扑出过博格坎普主罚的点球。温格开玩笑说他希望过几年自己不要再碰上舒梅切尔的孙子了。塞斯克·法布雷加斯打入制胜进球，没有让范佩西在赛后难堪。但对于范佩西而言，罚丢点球始终是一件非常尴尬的事。

阿德巴约站出来维护他的队友。他说每个人都知道范佩西仍然是个顶级的球员。他回绝了应该让别的球员负责主罚点球的提议，并且称球队对荷兰人充满了信心。他请求人们给他们时间，让他和范佩西在场上建立起紧密的联系。事实上，他和范佩西的私交一向不错。

本赛季，阿森纳已经在同阿贾克斯和布莱克本的两场比赛中遭遇到对手的粗暴对待。而在对曼城的比赛结束后，范佩西仍然对于对手粗野的动作感到怒不可遏。他向《星期日泰晤士报》表示，对手的比赛策略已经同足球无关，他们只想打断阿森纳的运转，不让阿森纳踢出自己的风格。《每日比赛》的专家嘲笑温格抱怨自己的球员受到了粗野犯规，范佩西对此很不高兴。他说："我认为主教练有权在镜头前说这些，有权向球迷表达看法。说'阿森纳总在抱怨'是不公正的。"

布莱克本的中场罗比·萨维奇向来口无遮拦，他做出了回击，将范佩西称为伪君子，并且称阿森纳在场上的动作也不小。他说，因为阿森纳是伦敦的大球会，所以人们只会写他们的正面消息。

对布莱克本的比赛后，阿森纳的前场组合变得更具侵略性。欧冠附加赛第二回合 3 ：0 轻取布拉格斯巴达的比赛中，范佩西再次吸引了人们的眼球。面对上一回合"威风八面"的托马斯·雷普卡（Tomas Repka），范佩西以牙还牙，拽着这位曾在西汉姆联效力的恶棍球员的脖子将他放倒在地，让比赛的气氛在开场后就变得紧张起来。

几天之后，这次轮到范佩西倒在球场上了。朴茨茅斯的门将大卫·詹姆斯的出击令范佩西摔了个四脚朝天。尽管阿德巴约在范佩西对曼城罚丢点球之后表达了对荷兰人的支持，但本场负责主罚点球的是多哥前锋。他将球大力轰进球门，帮助球队 3 ： 1 取胜。阿森纳一路高歌猛进，但范佩西有点迷失了。之后阿森纳在白鹿巷战胜了热刺，顺利跻身联赛榜首，但范佩西还是毫无发挥。

欧冠 3 ： 0 战胜塞维利亚（Sevilla）的比赛的下半场，范佩西打入一球，这粒进球堪称一剂良药。赛后范佩西高兴地称阿森纳踢的是“从另一个世界来的足球比赛”。比赛中，巴卡里・萨尼亚（Bacary Sagna）将球传到后点，范佩西高速插上近距离破门得分。

范佩西对于球队在这场胜利中体现出的精气神感到十分激动。上赛季末尾球队有些死气沉沉，可现在球队的面貌已焕然一新。他告诉《标准晚报》，一切都该归功于阿尔塞纳・温格，因为他坚持只要球队团结一致，就能取得更大的成就。他说：“他这样告诫我们每个人。我知道每个人都在思考阿森纳的比赛方式，这对于我们有重大的影响。没有多少球队像我们这样踢球了。”赛季前 8 场比赛，枪手赢下了 7 场，所以范佩西对于球队的进展如此满意也就不奇怪了。

温格称球队已经克服了比赛中的“痛苦极限”，就像对布莱克本的比赛那样。而现在球队建立起的坚定的决心让他们有所斩获。

9 月底对西汉姆联的比赛中，范佩西收获了本赛季的第四粒进球，帮助阿森纳在积分榜上有了三分的领先优势。亚历山大・赫莱布精准的传中找到了范佩西，后者大力头球攻门，尽管罗伯特・格林（Robert Green）碰到了足球，但因为这记攻门力量太大，球还是砸在门柱上弹入了网窝。范佩西很少攻进头球，但为了帮助枪手在争冠道路上领先，他已经尽其所能。

本赛季英超赛场的对手似乎比之前几个赛季都更顽强。李・鲍耶开场后就踢倒了范佩西，仿佛在说“欢迎来到厄普顿公园（Upton Park）”。阿森纳的球员们可能已经预备好了头盔，但这次没有人从看台上朝球场扔硬币了。温格再次批判了他的球员在场上遭遇的野蛮防守，但是这样的抱怨只是在向对手释放信号，那就是他们的凶狠动作确实影响到了阿森纳球员的发挥。

回到欧冠赛场，对布加勒斯特星（Steaua Bucharest）的比赛中，范佩西打进了全场的唯一进球，帮助阿森纳取得了各项赛事的九连胜。阿德巴约下底后低平球传中，范佩西处在正确的位置，将球推射入网。范佩西称阿森纳的足球风格是独一无二的，并且赞扬温格没有像其他英超主帅一样过分轮换阵容。

3 ：2 艰难战胜桑德兰的比赛中，范佩西状态正佳，打入两粒进球。他的大力任意球攻门越过了克莱格・戈登（Craig Gordon）的十指关，打在横梁内侧弹入球网。此后他一直在比赛中保持着对球门的威胁，并且在比赛的最后时刻近距离攻门得手，帮助阿森纳拿下了比赛。

美好的连胜迟早都会结束，而范佩西再一次遭受到伤病的打击。不过这一次是在国际比赛中。预选赛 2 ：0 战胜斯洛文尼亚的比赛中，他策划了一粒进球，但没过多久他的膝盖受伤，被迫休战一个月。球队的射手再一次遭受伤病困扰，温格的沮丧完全可以理解。他对阿森纳电视台说：“这是个很大的打击。罗宾是一个射手，一个能为队友做出贡献的射手，他在定位球进攻上也扮演了重要的角色。我希望他能尽快复出，我们也会尽最大努力帮助他复出。”

但这次范佩西的缺阵时间比预想中要长了很多。除了膝盖的伤病，他的肌肉也出现了问题，直到新年他才重返赛场。联赛杯半决赛 1 ：1 战平托特纳姆热刺的比赛中，范佩西出人意料地复出，但是半场结束就不得不被换下。他的身体肯定还存在问题，他的速度完全跟不上比赛节奏。此后直到 0 ∶ 0 战平维冈竞技的比赛他才离开了替补席登场比赛。阿森纳在他远离赛场期间保住了联赛头名的位置。尽管回到了球场，但范佩西在比赛中失去了往日的锐利。他的任意球攻门高出了横梁，而在之前，这种球往往会成为门将的难题。

直到 3 月中旬阿森纳在酋长球场对阵米德尔斯堡的比赛上，范佩西才重回首发。比赛开场 5 分钟内他寻找感觉的一次射门稍稍偏出，但此后他在场上贡献寥寥，踢了一个小时就被换下。对范佩西而言，这是一段格外艰辛的时期。人们此前大肆渲染这会是他在阿森纳最成功的一个赛季，但他又一次在赛季中段长时间休战。如果他只能在一半的比赛中出场，温格该如何指望他成为阿森纳的头号射手?

他对阿森纳电视台说，他在赛季开始时有很多想法和野心，之后的挫折也无法摧毁他的斗志。伤病没有击倒范佩西，他表示球队没能排在积分榜首位是因为运气不好，并且发誓阿森纳将会以强势的表现结束这个赛季。

范佩西坚定地认为球队赛季结束时将会收获冠军，让他们付出的努力不会白费。伤病使范佩西备受煎熬，但不同于上个赛季的是，本赛季的阿森纳仍有机会赢得英超冠军。同时他们在欧冠的四分之一决赛上遇到了利物浦，这也同样令人期待。

范佩西接受《每日星报》采访时，说他相信球队有能力获得英超联赛和欧冠联赛的双冠王，现在是属于他们的时刻。他说:“我们有值得奋斗的目标。我们可以获得双冠王，但信念只是成功的一半。我仍觉得我们能完成这个任务，我希望我也能在其中扮演一个角色。我不是一个做白日梦的人。我真的认为我们这赛季可以获得联赛冠军和欧冠冠军。为什么不呢？我们有实力，也有信念，这将帮助我们走得很远。”

在斯坦福桥（Stamford Bridge）的比赛中，德罗巴于比赛后段打入的两粒进球令阿森纳争夺联赛冠军的愿望遭受了沉重的打击。卡洛·库迪奇尼（Carlo Cudicini）受到切尔西进球的鼓舞，做出了两次精彩的扑救，将范佩西的射门拒之门外。失利之后他们强势反弹。在锐步球场，他们一度 0 ：2 落后于博尔顿，但在下半场连入三球。范佩西依然充满威胁。他靠一记点球完成了近六个月以来的第一粒进球，此外，他的好几脚远射都差点命中目标。

接下来阿森纳将要迎来同利物浦的连续三场大战——欧冠四分之一决赛两回合的比赛加上两场欧冠之间的一场联赛。赛前德克·库伊特告诉《利物浦回声报》（*Liverpool Daily Echo*），他的国家队队友将会成为这一系列比赛中的被重点看防的人物。他说：“范佩西是一名非常出色的球员。在我看来，他就是目前最好的荷兰球员，所以我们会非常小心地对付他。他周末打进了一粒精彩的进球，这会让他充满自信。在经历长时间的伤病后，他迫不及待要交出优异的表现。”

在酋长球场进行的欧冠首回合比赛中，阿森纳和利物浦双方 1 ：1 打成平手。范佩西只踢了 45 分钟就因为大腿伤势的复发被迫离场。这也导致他缺席了两队联赛的交锋。双方在联赛中再次以 1 ：1 的比分握手言和。可是在欧冠第二回合的比赛中，阿森纳在安菲尔德（Anfield）2 ：4 落败，被淘汰出局。范佩西替补登场，但没有任何作为。

阿森纳现在必须将精力集中在联赛上面，他们没有喘息的机会，五天之后他们就要做客老特拉福德，这场比赛无疑将决定英超冠军的归属。范佩西帮助阿森纳取得了领先。阿德巴约接到他的传中，在禁区内抢点得分。在这记漂亮的助攻之前，范佩西的短距离任意球绕过了人墙，但被挡出。克里斯蒂亚诺·罗纳尔多和欧文·哈格里夫斯（Owen Hargreaves）的进球帮助曼联后来居上，2∶1逆转了阿森纳，也几乎宣告阿森纳夺冠无望。

阿森纳在赛季最后四场比赛取得全胜，但这些胜利已经来得太晚。曼联赢得了联赛冠军，切尔西以两分之差位居次席，枪手则排在第三。如果他们能在老特拉福德取胜，温格的球队将很有机会赢得冠军。

温格明白，只要范佩西远离伤病，他就能做出更大的贡献。阿森纳连续第三个赛季没能获得任何冠军，但温格相信范佩西从2008年欧洲杯归来之后就将成为推动阿森纳前进的那个人。他说："很不幸，罗宾遭遇了伤病，但在我看来，伤病不算什么。他的天赋太出众了，我非常渴望能留下他。我信任他，并且希望他能摆脱伤病。在我眼中，罗宾·范佩西就是一个世界级的足球运动员。你总是希望下个赛季罗宾就能免受伤病的困扰。"

这个赛季的结果再次令范佩西无比失望，但他放下了这些失意，急切地想在奥地利和瑞士为荷兰队的2008年欧洲杯征程做出贡献。范佩西将要迎来艰巨的挑战。上赛季末尾他的状态比较一般。范佩西在欧洲杯开赛前承认，即便他能上场，他也很难发挥出自己的全部实力。

荷兰队主教练马尔科·范巴斯滕给有伤的范佩西安排了一个特别的赛前准备计划，范佩西将单独进行训练，同理疗师合作，避免加重他伤患处的疼痛。

主教练对范佩西格外照顾。或许范巴斯滕在范佩西身上看到了自己的影子，因为他本人在球员生涯中也一直遭受着伤病的困扰。范佩西尽全力想摆脱伤病，争取赶上第一场比赛。他承认这个过程令他精疲力竭。他说："我在身体上和心理上都很疲惫，因为每一次我觉得自己完全健康时，往往就会再受打击。教练对我有信心，这让我很高兴，也很安心。”

范巴斯滕表示他并不担心范佩西会缺阵首战，因为范佩西是一个特别的球员，他值得所有为他付出的等待。那么在范巴斯滕不断为他破例，让他有机会参加首战之后，范佩西是怎么回报他的呢？

范佩西似乎认为同韦斯利·斯内德闹翻是一个不错的想法。他向队友进行了一次鲁莽的铲球。两人当时就翻脸了，之后一段时间内也不搭理对方。两人矛盾的爆发对于即将迎来首战的荷兰队显然没有任何好处。这看上去像是又一场会让球队分崩离析的内讧——这让人回想起 1996 年欧洲杯，当时埃德加·戴维斯因为同主帅发生争吵被赶出了国家队。

医院的检查结果显示，来自皇家马德里的斯内德将可以在万众瞩目的小组赛首轮对意大利的比赛中首发出场，但范佩西就不行了。

荷兰踢出了一场精彩的比赛，用 3 ： 0 的比分给了世界杯卫冕冠军当头一棒。范佩西替补出场，踢了 20 分钟。荷兰队在场上的发挥令人惊叹，他们火力全开，攻势永不停歇，这场面让范佩西想起了上赛季他所在的阿森纳所能踢出的比赛。他说：“我们想告诉人们，踢得漂亮也能赢得冠军——这是我们相信的。我们在面对世界冠军时踢出了美妙的足球。”

尽管球员在为荣誉而战，仍有迹象显示荷兰队内有不和存在。愤怒的斯内德整场比赛都在厉声向队友发号施令，但大部分人都在 90 分钟的时间里选择无视他。

荷兰在下一场比赛甚至踢得更棒。他们在伯尔尼（Bern）4 ： 1 击败了 2006 年世界杯的亚军法国队。范佩西再次替补登场，他和自己的对头斯内德各入一球。范佩西上场不过 4 分钟，罗本下底传中，范佩西在后门柱的位置劲射得手。

范巴斯滕称范佩西能够在比赛中登场并制造实质性的威胁，这种表现非常出色。他说："我们需要更多球员去牵扯法国队的防守，罗宾・范佩西和阿尔扬・罗本在下半场的登场帮助我们创造出了更多空间。有他们在，对手的日子就不好过。他们速度极快，技术出色，让我们在下半场变得更具威胁。"

荷兰队已经从本届欧锦赛的"死亡之组"里提前出线，最后一场对罗马尼亚的比赛已经无关紧要，但他们也毫不放松。范佩西迎来了本届赛事上的第一次首发。他蓄势待发，决心为球队带来一场胜利。他开玩笑说自己甚至连家里的一场乒乓球比赛都不想输，更不用提一场欧洲杯的比赛了。所以罗马尼亚人肯定明白，摆在他们面前的将是一场艰苦的比赛。

范佩西打入了本届赛事的第二球，带领主要以替补球员出战的荷兰队 2 ∶ 0 获胜。比赛行将结束时，范佩西展现出他出色的专注度，胸部停球后带球冲击，然后左脚劲射破门得分。看到球场上的英雄们用三场出色的发挥全取九分，来到现场的荷兰球迷陷入了疯狂。

胜利之后，范佩西坚持认为本场出战的不是荷兰 B 队，因为 23 名球员共同组成了球队，每一名球员都是平等的。他补充道："有着这样的阵容，我觉得我们是不可战胜的，尽管我们还得一步一步来。这就是我为什么只想做这支球队的一分子，我感觉一些美妙的事正在发生。"

范巴斯滕表示，尽管轮换使用了大量球员，但球员们在这三场比赛里的表现都很不错。突然之间，荷兰就被捧为了本届赛事的大热门之一，他们在小组赛的数据也说明了一切：三场比赛，三场胜利，九个进球，一个丢球。在几天的时间里，范佩西就取得了巨大的进步。一开始人们觉得他在欧洲杯上不会有什么出场机会，可是转眼间他就已经打入两球，并且在对罗马尼亚的比赛后被评为本场最佳球员。

当荷兰在四分之一决赛遭遇不被看好的俄罗斯时，荷兰的球迷们都觉得球队能轻松碾压对手闯进半决赛。可是执掌俄罗斯国家队的荷兰教头胡斯·希丁克（Guus Hiddink）不这么认为。罗曼·帕夫柳琴科（Roman Pavlyuchenko）下半时刚开场的进球让俄罗斯取得了长时间的领先。荷兰人惊愕不已，直到90分钟的比赛即将结束前路德·范尼斯特鲁伊的进球才保住了荷兰晋级的希望。

但是在加时赛，情况变得更加糟糕。俄罗斯再下两城，荷兰一球未进，只能目送俄罗斯挺进半决赛。荷兰人呆若木鸡，他们不敢相信在小组赛摧枯拉朽的他们就这样在淘汰赛出局了。范佩西在赛季开始前就曾表示，如果想要成为最佳，就必须要保持稳定的发挥。然而他所在的荷兰队没能做到这点，他们恰好在错误的时间停下脚步休整，然后就熄火了。

范巴斯滕说他无法理解为什么球队在休息一周之后会表现得如此糟糕，因为大部分球队在休息之后往往都能激发出最佳状态。范佩西的替补出场也无济于事，荷兰就这么打道回府了。范巴斯滕说："在下半场我们换上了罗宾·范佩西，希望他能带给球队一些变化。但是俄罗斯踢得非常出色。在小组赛阶段我们踢得很棒，但周六的比赛上我们没能达到那个水平。"

荷兰队在三场小组赛中的表现如此出色，他们这么快就被淘汰实在让人难以理解。有球迷质疑他们是否应该在无关紧要的小组赛最后一轮全力以赴。或许荷兰人的状态来得太早了，他们应该将自己最好的发挥留给之后的比赛，而不是在小组赛就将状态消耗殆尽。

阿森纳在缓慢地流失球员。马蒂厄·弗拉米尼自由转会离开了枪手，因为球队不愿意给他开出他想要的周薪。刚开始初步讨论自己的新合同的范佩西称，如果球队想要吸引顶尖球员并留住他们，就应该在开出工资时变得更加灵活。

他说："阿森纳有明确的政策，在给球员开工资时，绝不会超过某一个具体的数字。我想他们应该提高一下球员的工资水平。要是你是 27 岁或者 28 岁，我能理解你选择离开去其他球队，如果你能挣到三至四倍的工资的话。"

在令人失望的欧洲杯之旅结束两个月后，范佩西回到了球队，正如温格预言的那样，从国家队归来的他又取得了巨大的进步。新赛季开始，阿森纳还算顺利。欧冠资格赛首回合 2 ：0 战胜特温特的比赛中，范佩西策划了第一个进球。第二回合，他们更是 4 ：0 大胜。范佩西虽然没有进球，但是他在场上穿针引线，将球队捏合成了一个整体。这样的表现让人感到这个赛季枪手的前途一片光明。范佩西强调枪手"需要"参加欧冠的比赛，他也帮助球队锁定了一个参加小组赛的名额。

赛季伊始，他就进入了状态。对纽卡斯尔的比赛中，他在酋长球场梅开二度。查尔斯·恩佐比亚（Charles N'Zogbia）的手球犯规送给了阿森纳一个点球，范佩西肩负起主罚点球的重任。他大力低射得分，没有给门将谢伊·吉文做出扑救的机会。爱尔兰门将之后精彩地扑出了范佩西的任意球，但随后埃曼纽尔·埃布埃送出脚后跟妙传，荷兰人近距离捅射得分。范佩西获得了阿森纳忠实球迷们的爱戴，但是同样的话并不能用在阿德巴约身上。此前阿德巴约表达出有兴趣离开球队。当多哥前锋上场顶替范佩西的位置时，主场的球迷爆发出一片嘘声。

范佩西应该很享受做客埃伍德公园球场的感觉，过去他总能在这里给布莱克本制造麻烦。马克·休斯可能做噩梦时都会梦见范佩西，但他的球队还是无力阻止范佩西的发挥。他接到西奥·沃尔科特的直传后将球让到自己身前，随后推射攻破了保罗·罗宾逊把守的大门。此后他还浪费了一次机会，射门打在了边网上。随后的比赛成了阿德巴约的表演时间，他在客场上演了帽子戏法。

欧冠小组赛首轮对波尔图的比赛中，范佩西和阿德巴约的锋线组合带给了对手双重的麻烦。他们各自攻入两球，帮助阿森纳 4 ：0 取胜。范佩西在联赛的表现时好时坏，但他在面对葡萄牙球队时找到了感觉。他依靠速度抢在防守球员之前将阿德巴约的横传捅射入网。之后他还穿裆过掉了可怜的布鲁诺·阿尔维斯（Bruno Alves），然后将球打入死角，收获了当晚的第二粒入球。温格赛后表示当晚的表现都在意料之中，球队有着巨大的潜力。

主场对阵埃弗顿的比赛中，范佩西再度头球得分，帮助阿森纳 3 ：1 取胜。在赛季开局不尽如人意的表现后，阿森纳回到了赢球的正轨上。在跌宕起伏的北伦敦德比中，范佩西打入了他在阿森纳的第 50 球，帮助球队 4 ：2 领先热刺。当疲惫的范佩西在比赛结束前 10 分钟被换下时，阿森纳看上去胜券在握。但是热刺忽然找到感觉，连入两球，将比赛改写为一场平局。温格对比赛的结果怒不可遏，阿森纳全场的努力彻底白费。范佩西无能为力，只得坐在板凳席看着球队的领先优势被蚕食殆尽。

看样子范佩西已经不会再犯那些纪律性上的老毛病了。可是在对斯托克城的比赛当中，范佩西替补登场 10 分钟就领到红牌下场。这张红牌的起因是 2 ：0 领先的斯托克城开始了消耗时间的战术，安迪·格里芬（Andy Griffin）

头球回传给门将托马斯·索伦森，丹麦门将慢悠悠地将球抱起。范佩西急于追赶比分，没有心思看着斯托克城的球员们将时间耗光。当索伦森弯腰去捡起球时，范佩西伸脚去抢球，冲撞了他。范佩西想要将场上的不顺发泄出来，这也可以理解。索伦森以夸张的动作倒地，主裁罗布·斯泰尔斯（Rob Styles）立即走上前去向范佩西出示了红牌。

比赛结束后，温格像他习惯的那样开始为自己的球员辩护。他表示裁判的判罚有些过于严厉了，并且怒气冲冲地说："如果那是一张红牌，我就得回去好好翻翻我的规则说明书了。"或许这张红牌有失公平，但是毕竟范佩西还是没有控制好自己。斯托克城的门将知道他想干什么，然后给他设下了陷阱。一旦你落下了容易发怒的名声，你就可能被对手有所针对，他们会尝试激怒你，让你去做傻事。温格曾希望范佩西能摆脱这个毛病，但显然在范佩西成熟的身躯里还住着一个容易头脑发热的男孩。

禁赛结束后，范佩西的回归之战又是无比苦涩的。枪手 0 ： 3 败给了曼城，他们被对手撕成了碎片。范佩西先是浪费了一次任意球得分的机会，随后在拼抢中被肖恩·赖特－菲利普斯（Shaun Wright-Phillips）在中场断球。电光石火间，蓝月亮就取得了进球。而且，他还没有从不列颠尼亚球场（the Britannia Stadium）的那张红牌里吸取到教训。当乔·哈特（Joe Hart）准备开出球门球时，他又"灵机一动"，想去断下皮球，结果吃到了黄牌，还很幸运地逃过了对他这次鲁莽行为的追加处罚。

随后，他摆脱了此前灾难性的发挥，实现了强势反弹。他在斯坦福桥完成了枪手生涯目前为止最关键的发挥，用两粒连珠炮式的进球帮助阿森纳 2 ： 1 战胜切尔西，球队在积分榜上紧追榜首的利物浦。比赛进行到接近 60 分钟时，范佩西接到德尼尔森（Denilson）的直传，尽管对手示意越位，他还是劲射破门。他的第二球更是天才之作。阿德巴约头球摆渡，他转身后抽射破门，彼得·切赫的扑救为时已晚，阿森纳从斯坦福桥偷走了一场胜利。赛后切尔西方面提出抗议，认为范佩西的第一个进球是明显的越位——也许这确实是个越位球，但关键在于范佩西是按照裁判的哨声来比赛的。裁判没有吹哨，那么他就让切尔西的防守球员付出了代价。温格脸上洋溢着笑容："这是对球员意志品质的考验，我们来这里比赛前或许没有那么强的自信——但是我们的意志足够顽强。"

主场 1 ：0 战胜西布朗的比赛中，范佩西再度完成一记精彩的入球，他还有好几脚漂亮的射门，可惜都被挡出。不过随后他用对利物浦比赛中的一粒完全依靠个人能力的漂亮进球以及被评为全场最佳的出色表现弥补了上一场的遗憾。但是阿德巴约的红牌离场加上法布雷加斯的受伤最终使他们在主场被 1 ：1 逼平。比赛中，他胸部停球后转身为自己创造出空间，然后推射得手。这种梦幻般的进球却不能为球队带来一场胜利，实在是一桩憾事。

范佩西表示阿德巴约不应该吃到红牌。他对于自己用一次精彩的射门完成了赛季第十个进球感到格外兴奋。他说："我们奋战到了最后一刻。如果你回看那个球，你就会知道这球确实很漂亮——我只用胸部完成了一次触球，然后用我们家那边所说的'巧克力脚'（即逆足）完成了射门。球打入了上角，所以没错，这是个好球。"

范佩西延续着良好的状态。节礼日对阿斯顿维拉的比赛中，他脚内侧的打门很不走运地被维拉公园球场的门柱挡出。这场扣人心弦的大战以两队 2 ：2 握手言和而告终。2009 年的开头是美妙的。范佩西第一次作为队长代表阿森纳出战。那个当年曾在南安普敦犯下愚蠢错误并吃到红牌，令球队无比失望的年轻球员，如今已在队内扮演重要角色，足以胜任队长一职。对范佩西而言，这也是莫大的荣耀。

范佩西后来接受阿森纳电视台采访时说，他只是想成为最好的球员。他说："我只去做那些我能做到的最好的事。如果我没法画好画，我就不去画画。我就是这样一个人。如果我不断地尝试一件事，但还是没用，我就会说'以后再说吧'。"多年以来，他一直在努力做阿森纳最好的球员，现在他终于赢得了队长袖标作为奖赏。在这件事上，不会有"以后再说吧"的存在。

范佩西一直都是为大场面而生的球员。当他佩戴上神圣的队长袖标时，他没有让人失望。足总杯比赛中，范佩西梅开二度，带领阿森纳在酋长球场3：1战胜了来自英冠的普利茅斯（Plymouth Argyle）。比赛中，范佩西不可阻挡。下半场开始后不久，无人盯防的他在小禁区中路俯冲头球得分，为阿森纳首开纪录。状态绝佳的阿森纳队长随后在场上展现出自己无私的精神，助攻尼克拉斯·本特纳（Nicklas Bendtner）打进第二球。正是这种精神使他成为了队长。最后，他晃过"朝圣者"（Pilgrims）（普利茅斯队的外号）的门将，用一记大力攻门得分为自己的表演画上了圆满句号。

获得队长袖标可以算得上是范佩西的意外之喜——温格做出这个决定是因为他的队长人选都没能出场比赛。常规的队长法布雷加斯因伤缺席，而副队长门将曼努埃尔·阿穆尼亚坐在替补席上。比赛结束后范佩西说："当教练安排我当队长时，我有些惊讶，但我喜欢这个决定，因为我总想帮助球队，带给球队正面的作用。即便只是一场比赛，能担任队长也是极大的光荣。"

温格称范佩西是队长的完美人选，因为他在球队里扮演了重要的角色。在场上怒吼或许不是范佩西的专长，但他总能明白如何把事情做得更好。温格对《检查者报》(*Examiner*) 说："罗宾是更衣室里的领袖之一。他可能不喜欢在场上大喊大叫，但是他总能说出自己的想法。荷兰人交流的风格就是这样，这很棒。但我不得不说同时他也非常谦逊。他会听取你的意见，并且享受着领导球队的感觉。"

1 : 1 逼平埃弗顿的比赛中，范佩西再次成了枪手的关键先生。他在最后时刻精彩的凌空射门为球队挽回了一分。他在 1 月的表现简直难以置信。阿森纳本月的每一个进球都来自于他的得分或是助攻。他也连续第三个月被评为球队的月度最佳球员。温格在接受俱乐部官网采访时表示范佩西比他刚来阿森纳时有了大幅的进步，这得益于他能和自己的榜样博格坎普并肩作战。两人之间年龄的差距正好能让博格坎普扮演了类似于父亲的角色。范佩西敬佩他，并且热衷于向他学习。

温格说："一开始我们让丹尼斯·博格坎普做他的榜样，他也朝着自己的榜样的方向在前进。看看他的数据吧。他比丹尼斯更像是一个射手，而且我认为他的视野和传球也很不错。罗宾敬佩丹尼斯，乐于听取他的建议。范佩西来到球队时丹尼斯已经三十三四岁了，所以他也愿意扮演导师的角色。这与范佩西取代他的位置无关。他只是想帮助范佩西。"

温格认同范佩西在费耶诺德生涯的末段已经被边缘化了，但阿森纳没有因为范佩西被贝尔特·范马尔维克放在替补席并最终下放预备队的事迹而退缩。显然，阿森纳相信范佩西有能力战胜挫折并成长为一名出色的球员。按温格的说法，是范佩西对足球的热情让他终于走到了今天。

温格继续说道："我相信范佩西对比赛充满了激情。当我们引进他时，他在荷兰被边缘化了。第一年他在替补席上度过了大部分时间，我们对他进行了观察。事实上，我们在预备队观察他的时间比在一队的时间更久。当他来到这里时，无论是身体上还是精神上，对他而言都是很大的变化。但我相信，他能坚持下来不仅是依靠他的天赋和聪慧，更主要在于他对于比赛的热情。他绝对想要赢得比赛。他更多地将自己培养成一个团队球员，而非专注于磨炼自己的个人能力。"

不过范佩西——相比于他年轻的时候——已不再是那么满腔热情了。他对自己为俱乐部做出的贡献感到高兴，也曾总是说踢球是他人生中最重要的事。但现在，情况不完全是那样了。范佩西表示，近些年他更多地陪伴在家人身边。他说："我明白了这个世界是艰险的。你必须将注意力放在对你重要的事上面，这是最关键的。恕我直言，没有那么多真正重要的事。我的家庭是重要的。只有家人对你不离不弃。一旦你意识到不是所有事情都是愉快友好的，你的心态就会变得平和很多。"

"只要我能让别人快乐，我就会去尝试。过去，我想让每个人都高兴，但我无法改变这个世界。这是我人生的转折点。我开始将重心放在我的工作和我的家庭上。就是这么回事。"

回到球场上，范佩西在足总杯对英冠球队卡迪夫城的比赛的最后时刻攻入一球，帮助球队 4 ：0 取胜挺进下一轮。但是，他们在联赛中频频受挫，连续吃到三场 0 ：0 的平局，在积分榜上的位置也下滑到第五位。

看样子，本赛季的英超，阿森纳又将颗粒无收了。但范佩西在对阵罗马（Roma）的比赛中再度进球，带领球队在欧冠联赛中高歌猛进。他在禁区内被人铲倒后站起身来亲自主罚点球命中，帮助阿森纳 1 ：0 获胜。

足总杯四分之一决赛上，范佩西再次闪耀全场，帮助阿森纳艰难地战胜了赫尔城（Hull City），晋级在温布利球场举行的半决赛。范佩西用灵巧的跑位拉开了空间，然后接队友传球推射得手，将自己本赛季的进球数改写为16球。

欧冠四分之一决赛第二回合3：0战胜比利亚雷亚尔之后，阿森纳成功获得了本赛季欧冠的四强席位。范佩西有一脚漂亮的任意球射门被门将扑出。但他随后助攻阿德巴约打入阿森纳的第二球，然后又罚进一粒点球，彻底宣告西班牙球队晋级无望。比赛的双方都想踢出漂亮的足球，这让他们的较量看上去格外的轻松。温格很高兴球队能在这样一场富有观赏性的比赛中占据上风。他说："我们排出了一套充满攻击性的阵容，我们也非常具有说服力地赢下了比赛。我对我们比赛的质量和速度都十分满意。"

阿森纳半决赛的对手将是同样来自于英格兰的曼联。温格表示，他们将享受同曼联之间的较量。

欧冠将是范佩西在本赛季获得冠军的最后机会。阿森纳已经退出了联赛冠军的争夺战，而足总杯的半决赛上他们又被克星迪迪埃·德罗巴的进球淘汰出局。沃尔科特率先为阿森纳取得领先，但是切尔西最终完成逆转，2：1取胜。范佩西有好几次差点就能为阿森纳进球，但都差之毫厘。

同切尔西的比赛结束后，范佩西非常生气，他表示枪手们必须在欧冠比赛之前收拾心情，重整旗鼓。他说："每段经历都会让你更加强大，美好的经历可以，糟糕的经历当然也可以。比赛必须一场一场地踢，如果你盯着从现在到赛季结束的所有赛程，你就会晕头转向，因为我们每隔三到四天就会有一场重要的比赛。"

范佩西因伤缺席了欧冠半决赛首轮在客场的比赛，但回到酋长球场后，他顺利复出担任首发。比赛开始前，曼联在总比分上以 1 ：0 暂时领先。尽管范佩西在比赛末段打入一球，阿森纳的实力还是不及曼联，他们在主场被曼联 3 ：1 轻松击败。整晚阿森纳都处于下风，等到范佩西罚进点球时，曼联早已提前拿下了比赛。又一个赛季过去了，阿森纳踢出的漂亮足球还是没有收获任何回报。

温格称自己非常想赢得欧冠，但他也只能回去调整阵容来年再战了。他们没有展现出足以击败曼联的实力，如果他们还想捧起冠军奖杯，就得更加卖力。又一个徒劳无功的赛季过去了，24 岁的范佩西还是没能为自己空荡荡的足球生涯简历加上一个有分量的冠军。作为一名天赋卓绝的球员，他的荣誉簿上仅仅只有足总杯冠军和欧洲联盟杯冠军。

到了夏天，范佩西与球队签了新合同，他将为球队效力至 2014 年。这或许能让温格松一口气。有人曾担心范佩西会离开球队，从而导致一大批明星球员离开酋长球场。在北伦敦度过一连串无冠的赛季后，球员们有可能已逐渐对俱乐部不再抱有幻想。球队的新星杰克・威尔希尔（Jack Wilshere）、阿隆・拉姆塞（Aaron Ramsey）和基兰・吉布斯（Kieran Gibbs）都签了新的合同。温格告诉他们，球队在他们的帮助下能够赢得冠军。这说服了他们选择留下来。

年龄已步入 20 岁中期的范佩西感到自己在阿森纳过得很愉快。他坚持认为球队有能力在接下来的赛季里赢得冠军。据报道，新合同里他的周薪将达到 8 万英镑左右。他说："我已经在这家俱乐部待了五年了，在这里效力的感觉确实不错。我们有着顶级的主教练，球队阵容里有出众的年轻球员，我们还有一座世界级的体育场以及伟大的球迷。阿森纳有着美好的明天，我希望能成为其中一员。”

客场对埃弗顿的比赛中，阿森纳用一场 6 ∶ 1 的大胜开启了 2009—2010 赛季的征程。阿森纳球迷开始思考，温格一直以来说的话是不是有道理，球队的年轻人是不是终于可以将他们的天赋转化为成绩了。范佩西贡献了两次助攻，还有两次差点利用任意球破门。枪手在默西塞德郡掀起了进攻的狂潮。

赛季开始后范佩西还没能进球，但阿森纳前四场比赛打入 15 球，范佩西也在其中扮演了重要角色。可是当他们再次面对曼联时，枪手的努力还是化为了泡影，他们再次倒在了红魔脚下。

几天之后客场对曼城的比赛，阿森纳再次成为输球的一方。他们在联赛积分榜上前进的脚步已经慢了下来。在东地球场（Eastlands），他们被曼城 4 ∶ 2 击败，但这个下午对范佩西还不算太糟糕，因为他凭借一记漂亮的射门完成了新赛季的首球。他灵巧地转身摆脱了乔莱昂・莱斯科特（Joleon Lescott）的防守，随后将球打入了球门左下角，曼城门将沙伊・吉文根本来不及做出反应。这无疑是一个紧张的下午。埃曼纽尔・阿德巴约夏季转会期离开阿森纳转会去了曼城。赛场上压抑的情绪逐渐酝酿，而当范佩西倒地滑铲他曾经的队友时，双方积压的情绪彻底爆发。阿德巴约躲过了范佩西的铲断，但看到倒在地上的荷兰人，他抬起右脚，踢中了范佩西的脸颊。他明显想把这个动作做得自然一点，但这骗不了任何人。当晚英国广播公司《每日比赛》的节目中，评论员阿兰・希勒（Alan Shearer）称这是丑陋的一幕，两名球员都该被红牌罚下。但最终只有曼城前锋吃到了红牌。

阿德巴约赛后声称他在场上向范佩西道了歉，但荷兰人称阿德巴约没有向他道歉，恐怕他未来也不会收到阿德巴约的道歉。当被问到阿德巴约是否有道歉的可能，范佩西说："不会的。我还能说什么？我想过去几周他的表现反映出他是一个怎样的人。"

范佩西从他与阿德巴约之间的争执中走了出来。接下来对富勒姆的比赛中，他又收获了进球。这一次他成了全场的主角，因为他打进了比赛唯一一粒进球。比赛中，范佩西接到法布雷加斯的挑传，用左脚将球控制下来，然后用右脚射门，攻破了马克·施瓦泽把守的球门。这粒进球是范佩西又一记代表作，他用自己的技术能力为球队赢得了三分。阿森纳的年轻门将维托·曼诺内（Vito Mannone）完成了几次关键扑救，力保球门不失。他的表现多少抢走了一些本该属于范佩西的头条。

欧冠阿森纳 2 ：0 战胜奥林匹亚科斯（Olympiacos）的比赛中，范佩西再度破门，他的进球势头不可阻挡。爱德华多（Eduardo）表现出色，他为范佩西送上助攻，插上射门的范佩西为阿森纳打破了僵局。下一战，主场对布莱克本，范佩西完成了八场比赛里的第九粒进球，帮助球队 6 ：2 取胜。在酋长球场的进球盛宴中，法布雷加斯送出直塞，范佩西跟上轰出一记大力射门，门将罗宾逊根本无法扑救。如果他站在来球的路线上，恐怕就得和皮球一起被范佩西轰入网窝了。

对于范佩西而言，生活现在是无比美好的。在酋长球场 3 ：1 击败伯明翰（Birmingham City）的比赛中，范佩西攻入首球，他用这个进球庆祝自己的第二个孩子迪娜·莱拉（Dina Layla）的降生。亚历山大·宋（Alexandre Song）的直塞球送到了范佩西脚下，后者将球巧妙地一拨，随后将球打入远角。

赛后他在接受《爱尔兰观察者报》(*Irish Examiner*)的采访时说他最近虽然缺少睡眠，但女儿的降生极大地丰富了他的生活，孩子们是他和布切拉生活所围绕的中心。“我的家庭生活是美妙的，”他说，“家里最重要的事就是我的两个孩子和我的妻子，他们是我坚实的后盾。家庭带给了我工作的基础，因为你要顾家，不能总是出门。”

欧冠小组赛对阿尔克马尔的比赛中，范佩西为法布雷加斯送上了漂亮的助攻，之后2：2战平西汉姆联的比赛中范佩西又打进了一记令人赞叹的凌空射门进球，这是他本赛季的第六球。在厄普顿公园的比赛中他还有一记抢点头球攻门稍稍偏出。

赛季开始后，范佩西一直就处于极佳的状态。在3：0击败热刺的比赛中，他梅开二度。现在的他已经成了酋长球场的宠儿。半场结束前，萨尼亚边路传中，范佩西抢在莱德利·金之前将球打入球门。几十秒后法布雷加斯又锦上添花。而第二粒进球有一点滑稽，阿森纳的传中球在莱德利·金和热刺门将奥雷里奥·戈麦斯(Heurelho Gomes)之间反弹了一下，结果这两人都没能控制住球，球落到范佩西脚边，他毫不客气地笑纳了对手后防的大礼。

范佩西为阿森纳取得领先后，热刺就彻底举起了白旗。被评为全场最佳的范佩西在接受天空体育(Sky Sports)采访时称他的进球令热刺球员目瞪口呆，然后他们就再也没能回过神来：“比赛的前半个小时，气氛比较紧张，比赛比较激烈，因为两支球队都想拿下这场比赛。从我们打入第一球开始，他们基本就崩溃了——然后塞斯克·法布雷加斯就完成了一个惊人的进球。”

他非常享受踢中锋的感觉，进球排行榜的数据也证明了这一点。范佩西在阿森纳比赛日的节目中说："我必须习惯自己的新角色，由于过去我一般都踢二前锋，所以我需要找到适应的办法。赛季开始时，我在防守端耗费了太多精力，所以我需要在攻防两端找到一个平衡点。我有足够的体能去进球和助攻，并且做出其他贡献，这对球队来说尤为重要。"

但是羞辱热刺的比赛却成了这个赛季他为阿森纳做出的最后的贡献。在国际比赛中，他的脚踝韧带被铲伤。当时荷兰同意大利进行友谊赛，吉奥吉奥·基耶利尼（Giorgio Chiellini）的一次铲球让范佩西的右脚踝严重受伤，范佩西最后被担架抬出场外。医生们一开始认为他将休战六周，范佩西也对自己的复出非常乐观。

范佩西愿意做一切事情来让自己恢复健康。所以当他听到一种替代疗法可以让他的伤势恢复得更加迅速时，他立即动身前往贝尔格莱德（Belgrade）。在那里，著名的玛丽亚娜·科瓦切维奇（Mariana Kovacevic）将马的胎盘液敷在范佩西受伤的脚踝上，然后进行按摩。这种替代疗法在英格兰遭到了普遍的批判，但是范佩西根本不在意别人说什么。曼城球员巴勃罗·萨巴莱塔（Pablo Zabaleta）、尼格尔·德容（Nigel de Jong）和维森特·孔帕尼（Vincent Kompany）在拜访科瓦切维奇后都感到有奇效，所以范佩西决定去试一试。

在他出发前往塞尔维亚之前，范佩西曾接受英国广播公司的采访，他的言语中透露出他坚信这种治疗会起作用。他无比急切地想要重回球队，为此他愿意长途奔波，去尝试一种可能毫无意义的治疗方法。他说："她对于她的手法含糊其辞，但我知道她用胎盘液进行按摩。我曾与阿森纳的理疗师联系过，他们也允许我做这个尝试。我要去试一试，因为这个治疗方法本身无害，而且如果它有效果的话，就能帮上大忙。”

不管有没有使用马的胎盘液，这个治疗的效果都不理想。范佩西只能眼睁睁地看着又一个重要的赛季就这么从他身边溜走。温格坚信如果范佩西能够在各项赛事中为球队领衔锋线，阿森纳这个赛季的成绩一定会大不一样。

来到春天，2009—2010 赛季已临近尾声。阿森纳球迷幻想着如果范佩西保持一整季的健康，他们将取得怎样的成绩。范佩西如同先锋一般带领他们打出了一个令人振奋的开局，他们踢出了美丽的足球，既能博得喝彩，也能赢得比赛。但之后，球队的战绩一落千丈，赛季结束时排在第三位，落后冠军切尔西多达 11 分，距离第二的曼联也有 10 分之差。在赛季结束时球队传统的“绕场感谢”环节，范佩西向阿森纳电视台表示球队在有些时候表现得很出色，但是要想获得荣誉，他们的表现还不够稳定。

他说：“我们有过踢得很不错的时间段。在一些时候我们做得还不够好。但我认为我们再次向人们证明我们可以踢出伟大的足球。我们在一个强大的联赛里排名第三，这个成绩并不算差。”范佩西绕场一周时听到球迷自豪地大声高唱他的名字，这多少给他带来了一些慰藉。

温格坚定不移地信任荷兰人的能力，并且将他与当今足坛的一些最大牌的球星相比较。他对《独立报》说：“赛季开始时他表现得就像是世界上最好的球员之一，但突然他就因为伤病倒下了。要是他没有受伤，我们在谈到莱昂内尔·梅西（Lionel Messi）、克里斯蒂亚诺·罗纳尔多和韦恩·鲁尼时会不会将他同他们相提并论？你会将范佩西的名字同他们放在一起的，这一点我非常确信。他能做出最后一传，可以得分，他在定位球上也很出色。他是一位领袖，因为他有一颗具备足球思维的大脑，他是球场上的思想家。过去三到四年他也成熟了很多。”

那段关于范佩西逐渐成熟的言论表现出温格明白范佩西刚来到球队时还存在很多缺点。温格用这种方式表达出“我是正确的”，即便伤病阻碍了范佩西在场上施加更重要的影响。当他们刚从费耶诺德签下范佩西时，他有着美好的前景，但他身上也有一些严重的问题。温格现在确信阿森纳已经帮助范佩西克服了这些毛病。

范佩西是赛季初那支 11 场联赛打入 36 球，横扫一切球队的阿森纳的重要一员。而当他因伤缺阵后，球队在接下来的四场比赛就输了三场。

尽管对范佩西缺席了赛季的大部分比赛感到失望，温格还是对范佩西的世界杯之旅感到乐观，他相信范佩西在 8 月份归来时会比以往任何时候都更加出色。他说：“当我选择一名球员时，这就意味着他很健康，并且很犀利。罗宾缺少比赛的锻炼，但身体上他很健康。这永远是一种赌博，但他已经变得更强壮，做好了准备迎接他未来的生涯。最令我满意的是他在训练中表现得就像从来没遭受过伤病一样。总的说来，我不认为我们今年是运气不好。我相信球队已经展现出不可思议的精神属性，迈出了巨大的一步。”

当他们在白鹿巷 0 ：2 落后时，联赛冠军已同他们渐行渐远。范佩西在最后 20 分钟替补登场。丹尼·罗斯（Danny Rose）在他的英超首秀上打入一记技惊四座的凌空世界波，冉冉升起的新星加雷斯·贝尔（Gareth Bale）也攻入一球，为热刺锁定胜局。范佩西出场没能改写比赛结局，但他确实给枪手的表现带来了改观。他在比赛中接阿布·迪亚比（Abou Diaby）挑传，胸部停球后凌空打门，迫使门将戈麦斯做出了精彩的扑救。巴西门将本场威风八面，他还扑出了范佩西的任意球攻门，之后又阻挡了索尔·坎贝尔的头球，球反弹到横梁上弹出。再一次，这个夜晚不属于阿森纳，这个赛季也不属于阿森纳。

第七章　一步之遥

一旦有天你成功了，你就很容易将那些一路上帮助你的人抛于脑后。2010年的世界杯上，范佩西同巴西的米歇尔·巴斯托斯（Michel Bastos）、澳大利亚的布雷特·霍尔曼（Brett Holman）、科特迪瓦的萨洛蒙·卡卢、韩国的金南一（Kim Nam-Il）以及丹麦的戴恩·帕特里克·姆蒂利加（Dane Patrick Mtiliga）都有一个共同点，那就是他们都曾在荷兰的鹿特丹精英队效力。这家规模相当小的俱乐部却在这六位世界级球员的成长之路上扮演了非常重要的角色。如果没有在精英队的经历，谁能知道范佩西 2010 年时会在做什么呢？

毋庸置疑，任何球员职业生涯最高光的时刻都是代表自己的国家征战世界杯。相较于上一次大赛，现在的范佩西经验更丰富，更有机会捧起大力神杯。2010 年的南非世界杯是一届非同寻常的世界杯，许多知名球员都倒在了球场内的第一道难关面前。几乎所有球员都在抱怨比赛用球太富有弹性了。呜呜祖拉（vuvuzela）那震耳欲聋的声音响彻赛场内，似乎永不停歇，这种南非特有的喇叭销量如同坐上了火箭般激增。

范佩西没花多大工夫就进入了比赛的情绪。他告诉苏格兰的《每日纪事报》（*Daily Record*），他在比赛的准备过程中为世界杯如痴如狂，他家里的墙上甚至还挂着迭戈·马拉多纳高举奖杯的海报。他说："在我家的游戏室里有一张马拉多纳的巨型海报。如果我们赢得冠军，我希望那张海报能换成我举起奖杯的照片。我希望我能打进制胜的进球。（在身体恢复过程中）我付出的巨大努力是惊人的。我明白如果我的身体状况不错，我就丝毫不用在场上担心什么。"

我们都知道，荷兰人有内讧的传统，经常因为内部的不和导致大赛发挥不佳。在备战南非世界杯期间，范佩西没能尽其所能给球队带来良好氛围。当采访谈到队内的"四大天王"——阿尔扬·罗本、韦斯利·斯内德、拉斐尔·范德法特以及他本人——他本应打断采访，并且纠正说人人都有为球队出力，但他无动于衷。那么他就在事实上承认了他们四人就是队内最好的球员。他可能还没明白这个采访意味着什么，或许他根本没在意，但他等于默认了记者的说法。这样的举动很可能让他在队内的位置受到威胁，因为这会令球队的主帅范马尔维克感到不满。

他不但认同队内有四名球员比其他球员更出色，之后他还发表了一番很幼稚的言论，称相比于库伊特，他更愿意同拉斐尔·范德法特一起踢球。在外人看来，范佩西简直是在想方设法地捅娄子。看上去这一届大赛又将因为荷兰队内这些以自我为中心的球员间的冲突而被葬送。

如果荷兰队的主帅是一位铁腕教练——比如弗格森爵士或是罗伊·基恩（Roy Keane），范佩西可能已经被踢出国家队了。尽管他没有亲口承认，但他已经默认了对方的说法。这样的行为发生在范佩西这样一个曾被视为"问题儿童"，心智没有随着年龄增长的球员身上，似乎也是恰如其分。

尽管这件事被搪塞过去了，但它所带来的教训令球员们警醒，面对媒体时他们一定要注意自己的言行。球员的言论很可能被过分解读，但球队并没有在这方面对球员进行更严格的规定，这实在令人惊讶。各式各样的媒体对于球员以及他们在场上的发挥有着重大的影响，不管是正面的还是负面的。比如英格兰队，他们在整届赛事上都显得心不在焉，这同约翰·特里被《世界新闻报》（*News of the World*）披露他同队友韦恩·布里奇的女友偷情一事不无关系。特里被剥夺了队长袖标，英格兰的军心有所动摇。

没有人再针对此事发表看法——或许范马尔维克想做出回应，但他不想在世界杯即将开赛之际失去球队中的一位明星球员。他可能同范佩西在私下里有交流，但如果公开发表言论，那么就将掀起轩然大波，荷兰在世界杯的前途就被断送了。

荷兰的退役球星罗纳德·科曼表示一个完全健康的范佩西对于俱乐部和国家队非常重要。范佩西遭遇伤病前，科曼曾带领阿尔克马尔造访酋长球场进行欧冠小组赛的比赛。他说："现在他就是荷兰最出色的球员，每周代表阿森纳出战时，他都在证明着这一点。"

切尔西前球员兼教练路德·古利特（Ruud Gullit）1988 年时曾同荷兰队一起获得欧洲杯冠军。他表示，虽然伤病使范佩西上赛季在俱乐部遭遇挫折，但这对于荷兰队征战本届世界杯未尝不是好事。

古利特在世界杯开赛前对于本届荷兰队的前景表示乐观。他在接受《每日星报》的采访时说："范佩西会是我们最闪耀的球星。我曾在马尔科·范巴斯滕身上见证过类似的经历。1988 年时他也曾受伤，但他满血归来。我们最后收获了圆满的结局，而他就是我们夺冠的原因。当时他的状态非常出色。范佩西上赛季的伤病对于荷兰队而言很可能是件好事，现在他也成功伤愈复出了。他全身焕然一新，急切地希望登场，在场上对进球如饥似渴。他不想休息，他想要上场，想要进球。”

“范佩西的伤病对于他而言是个悲剧，对于阿森纳而言也是个糟糕的消息。但是这可能成为荷兰队的幸事。我最近曾与他交谈过，之前也在荷兰看到他为摆脱伤病做出努力。他现在看起来棒极了。在世界杯上进很多球绝非易事，要想成为最佳射手，你可能需要打进六到七个进球，但是他有本事做到。”

古利特的话不无道理，他曾见过同样的事发生在范巴斯滕身上，所以他的观点有理有据。许多球员经历了上赛季的密集赛程，然后就直接投入到世界杯的比赛中，相对而言，范佩西算是以逸待劳。

本届荷兰队同 2006 年世界杯上那支荷兰队有了鲜明的区别。这支荷兰队要成熟很多，阵容的平均年龄为 27.7 岁。这批球员之前已经经历过大场面，知道世界杯的比赛需要什么。他们不大可能在压力面前垮掉，钢铁般的意志将有助于他们实现夺冠的目标。

6 月 14 日的小组赛首战上，当范佩西首发出战走上足球城体育场（Soccer City）的草坪时，举起世界杯冠军奖杯看起来就像一个遥不可及的目标，前面还有长路等着他们。他们还得赢下好多场比赛，现在距离决赛也还有整整四周的时间。不过至少从地理角度上而言，他也算是感受过决赛的氛围了，因为小组赛首轮荷兰对丹麦的比赛场地——约翰内斯堡（Johannesburg）的足球城体育场——正是本届世界杯的决赛场地。

对于来到南非的大部分球队而言，都需要花一点时间进入状态，开局往往不会太顺。球员们私下里抱怨着球场里呜呜祖拉的噪声——当球迷吹起这种喇叭时，发出的声响就如同一大群愤怒的蜜蜂——他们感到这种噪声扰乱了比赛的节奏。摄像机镜头捕捉到了现场观战的约翰·克鲁伊夫。在克鲁伊夫的注视下，范佩西开场阶段只有两次触球值得称道。一次是他用胸部为斯内德做球，但斯内德的打门被挡出。之后他利用良好的控球技巧内切给自己创造出打门机会，但射门同样被挡出。

下半场刚刚开始，丹麦队的防守就出现了破绽，范佩西抓住机会制造了一个进球。他在禁区内接到队友传出的直塞球，面对出击的丹麦门将托马斯·索伦森，他从容地将球带到禁区外左侧靠近底线的位置，摆脱了门将的纠缠，转过身来做了一个用右脚传中的假动作，然后将球扣过来用左脚完成了传中。小禁区内的克里斯蒂安·鲍尔森（Christian Poulsen）身边没有任何荷兰球员，但他的解围头球砸在他的队友、中后卫丹尼尔·阿格（Daniel Agger）的背上弹进了球门。

这粒进球虽然不是由荷兰队的球员打进，但还是得归功于他们的努力。范佩西就这样制造了荷兰队在 2010 年世界杯上的首粒进球。所有球员都需要一点时间找到状态，一贯冷静的范佩西也是如此。比赛中他的第一次触球就不太理想。他想向球门冲击，但球弹回到门将手中。

如同上赛季他在阿森纳承担的角色一样，范佩西在世界杯首战中的职责主要就是担任前场的接应点，给队友做球。数据说明了一切——他的传球成功率达到了 95%。来自于利物浦的库伊特同样有着令人印象深刻的发挥，他的近距离补射将比分扩大到 2 ：0，从而为球队锁定了胜局。

虽然最终取胜，但范马尔维克对于球队的表现并不满意。赛后的新闻发布会上，他说："我们尝试踢出美丽的足球，但我们老是丢失球权。随着时间推移，我们会踢得更好的。"

嘴上说一切会变得更好是一码事，将其实现又是另一码事了。英格兰门将罗伯特·格林在首轮对美国的比赛中灾难性的脱手失误使英格兰队即将到手的三分变成了一场 1 ∶ 1 的平局。之后他就被主帅法比奥·卡佩罗（Fabio Capello）放在了替补席上。范马尔维克没法“奢侈”地找到一只明显的替罪羊（毕竟他的球队刚刚 2 ∶ 0 取胜，而英格兰被逼平），唯一现实的做法就是同队员进行私下的交流，然后在阵型上做出细微的调整。

如果一支球队在重新考虑他们同媒体间的公开关系，记者们大概也要慎重地考虑他们在采访时的安排，特别是当库伊特在小组赛第二轮对日本的比赛前开了个糟糕透顶的玩笑之后。他说:“我们球队里许多球员都吃寿司，我们希望今晚也能有一份寿司大餐。”或许荷兰式的幽默就如同寿司的口味一样需要人慢慢适应。

在德班球场（Durban）进行的比赛中，范佩西再次首发登场。比赛的前 10 分钟，他陷入了与对手中场松井大辅（Daisuke Matsui）的缠斗之中。日本队拒绝被实力超群的荷兰队轻易宰割，比赛进入了白热化的状态。荷兰人的进攻在上半场频频受阻，日本队的 11 名球员堆积在后场，使得荷兰在前场的推进变得非常困难。进攻受挫也让范佩西的火气上来了，他在中场争抢球权时相当愚蠢地用手打到了日本队后卫中泽佑二（Yuji Nakazawa）的喉咙。范佩西很幸运地只被吹罚了犯规，而没有受到进一步的处罚。

下半场开始阶段，范佩西本可以率先得分的，但他还是没能在世界杯上找回自己的射门靴。吉奥瓦尼·范布隆克霍斯特左路过人后传中，范佩西的位置太靠前了，只能身体后仰去顶这个球。他成功抢到了点，将球顶向了球门，但是他的头球没能发上力，门将很轻松地就将球收入怀中。

斯内德最终为荷兰队打开了僵局，这个进球也有范佩西的功劳。范佩西在背对球门的情况下在禁区内巧妙地控制住球（尽管有手球的嫌疑），然后将球回传给斯内德，后者跟上就是一记势大力沉的远射。日本队门将川岛永嗣（Eiji Kawashima）虽然碰到了球，但球速太快，他无力阻止足球被轰入球门。荷兰队目前为止在本届世界杯上打进了三个进球，其中两个都与范佩西有关。本届赛事采用的新球——阿迪达（Adidas）斯生产的“普天同庆”（Jabulani）——一直以来都在遭受批评，这次荷兰人也被卷入到了关于比赛用球的争论中。许多中立人士都认为这球标志性的无法预测的飞行轨迹是川岛永嗣扑救失败的主要原因。

埃弗顿后卫约翰·海廷加后来在接受《每日星报》的采访时称比赛用球难以捉摸的飞行轨迹正好帮了像斯内德这样的球员的忙。他说：“斯内德可以在距离球门很远的地方破门得分，特别是配合上‘普天同庆’夸张的飞行轨迹。”世界杯期间就有聪明人说过，这个球的飞行可能确实很诡异，但这对于每支球队都是一样的——他们都要面对这球带来的不稳定因素。在一些比赛中，比如荷兰对日本这场，胜者就是对用球适应得更好的一方。

当需要干脏活时，范佩西也绝不会退缩——比如完成对远藤保仁（Yasuhito Endo）的角球的解围。尼格尔·德容也做出了重要的发挥，不过他在补时阶段一次过分积极的铲球险些送给对手点球。荷兰人守住了胜利果实，在小组赛阶段连下两城。

荷兰队在比赛中很少踢出他们代表性的赏心悦目的足球。范马尔维克在接受加拿大广播公司体育频道（CBC Sports）的采访时谈到了他们对日本的这场胜利：“为什么我们总是关心有没有踢出漂亮的足球，而非是否赢球？我向你保证，我们真的真的想赢下比赛。如果可以富有观赏性地赢下比赛，那再好不过了。但是你也得学会赢下丑陋的比赛。”

有范佩西、斯内德这样的天才球员，再加上德容和海廷加这样强硬的球员，荷兰队的阵容既可以踢出美丽的足球，又可以同对手拼个刺刀见红。他们在两种风格中找到平衡点，只为了拿下比赛。确实，这支荷兰队相较于前些年显得凶狠了很多，范佩西本人也在比赛中展现出他不止有美妙的脚下技术，也可以进行强硬的铲断和卖力的拼抢。

海廷加也呼吁他们需要一支“新荷兰队”。球员们希望将他们曾享有的踢出漂亮足球但最终拿不到冠军的名声抛于脑后。他在接受《每日星报》采访时说:“我们每个人现在都必须抓住这一刻。过去，人们总说荷兰人踢得漂亮，我们在球场上的美妙动作受到人们的崇拜，但最后我们什么也赢不到。我们太明白这点了，现在我们想要做出改变。”

范佩西仍旧未在本届世界杯上破门。他看起来还在和“普天同庆”做斗争。这种球采用了一种空气动力学的系统，使其在空中的运动更加具有随机性，与上赛季英超使用的强调“力量与准确性”的耐克（Nike）足球完全不同。本届世界杯上，球员们在主罚任意球时的表现令人失望。范佩西在距离球门25码左右的位置的左脚任意球通常有着极大的威胁，但现在他的任意球威力大减。范德法特承包了球队的任意球，世界杯后他也凭借大赛上惊艳的表现转会去了热刺，而范佩西没有获得任何主罚机会。

来自英格兰联赛的球员比来自于其他联赛的球员有了一点小小的劣势，特别是一些球员已经在2009—2010赛季使用过新的比赛用球。来自于德甲等联赛的球员就在这一点上偷偷地积累了优势，因为他们花了一个赛季的时间习惯“普天同庆”的飞行运动轨迹，而英超的球员就在不经意间输在了起始阶段。

荷兰队的球员排成一行，迎接即将到来的小组赛最后一轮对喀麦隆队的比赛。荷兰大有成为本届世界杯上的黑马的趋势。他们在头两场比赛中并没有多么闪亮的表现，但他们拿下了两场胜利，而且并没有引起人们太多的关注。

前两场一球未进的范佩西承受着巨大的压力，他需要找回进球感觉。他毕竟是荷兰队的首发中锋。尽管荷兰队在场上的大部分精彩表现和进球都来源于他极富创造力的头脑，但如果他不能进球，人们很快就会开始质疑他的表现。

在开普敦（Cape Town），范佩西终于在本届世界杯上有所斩获。他与斯内德之间的联系较之前两场比赛更加清晰，开局阶段两人的配合踢得有声有色。开场仅 8 分钟，荷兰队的直塞打穿了喀麦隆队的防线，喀麦隆的二号门将索雷马努·哈米杜（Souleymanou Hamidou）及时出击，抢在范佩西之前在禁区线附近将球没收。范佩西距离进球越来越近了。斯内德的传球再次找到了范佩西，但他的射门太正，被哈米杜再次化解。

或许当《电讯报》（*Telegraph*）的乔纳森·刘（Jonathan Liew）称范佩西和斯内德"来自于同一个天赋异禀的驯鹿家族"时，他有些过于激动了，但他这个奇怪的说法也不无道理。两人在场上开始擦出火花。这大概也是阿森纳球迷所期待的。如果范佩西能够远离伤病足够长的时间，在场上同队友建立起默契，阿森纳将更加强大。

半场结束前 10 分钟，范德法特助攻，范佩西终于有所建树。此时范佩西在禁区右侧拿球，身边有多名防守球员。面对着喀麦隆队的左后卫，来自于阿森纳的死敌托特纳姆热刺的伯努瓦·阿苏 - 埃克托（Benoit Assou-Ekotto），范佩西虚晃一下将球交回给范德法特。正当喀麦隆的左后卫还站在原地愣神时，范佩西高速向对手身后冲刺，直扑球门。范德法特心领神会向前一塞，库伊特从传球路线上跳开，范佩西轻巧抹过对方后卫，右脚打了对手门将一个穿裆球——进球，就是这么简单。两个极富创造力的天才球员在角旗区旁相拥庆祝，荷兰人正大踏步走在成为小组第一的路上。

范佩西在场上犀利的表现和灵动的跑位可能正与他上赛季长时间的休战有关——正像橙衣军团的大预言家古利特所说的那样。上赛季热刺在为欧冠资格而奋斗，阿苏－埃克托也出场了 34 次，而范佩西在被基耶利尼铲伤后缺阵了大半个赛季。

有人认为范佩西还没有百分百恢复健康。当范佩西又一脚射门被哈米杜没收时，这个说法似乎在逐渐成立。他的队友对他没有充分的信任，比如在任意球主罚权上，范德法特只和斯内德分享。范佩西标志性的弧线球因为飘忽不定的“普天同庆”而威力大减，于是荷兰队采用了新的任意球战术，这也是其他球队选择使用的。这与那种越过人墙然后直接落入球门的任意球大不相同。许多球队选择踢出越过人墙然后在守门员面前落地弹起的任意球，这有很高的成功率。“普天同庆”弹起的那一下非常难以预判，守门员很难将球抱稳。许多球员罚出的任意球都会在门前 6 码左右弹地，然后蹦进球门。

在打入本届世界杯首球后不久，范佩西就不得不给荷兰队又一名巨星罗本腾出位置。罗本此前受伤病困扰，才刚刚复出。他在备战世界杯的友谊赛中受伤，荷兰球迷们都无比怀念他在场上的创造力。但是在范佩西下场后不久，荷兰队就遭遇了他们本届比赛的第一个失球。喀麦隆队的格雷米（Geremi）主罚任意球，范德法特抬起手臂护住自己的脸，球打在了他的手臂上，裁判给了点球，29 岁的萨穆埃尔·埃托奥（Samuel Eto’o）一蹴而就，扳平比分。

如果这是范佩西不愿看到的，接下来发生的事也不能完全令他称心如意。罗本——取代了范佩西的人——依靠个人能力创造出一个机会，他的射门砸在了立柱上，一旁的克拉斯－扬·亨特拉尔早有预备，抓住机会推射空门得手。

荷兰队在三场小组赛中取得全胜，范佩西在荷兰队从E组出线的过程中扮演了重要的角色。不过球队华丽的进攻在残酷的比赛中只能偶尔展现出来。大批荷兰球迷对于球队的进步感到十分欣喜，但是几乎没有人被眼前的胜利冲昏头脑。范马尔维克认为后防线在喀麦隆扳平时犯的差错来自于一段时间内的走神，他们绝不能让这种情形再次发生。

也许球队选择将他们最好的表现留给之后的比赛。他们大概从2008年欧洲杯的错误中吸取了教训。那年他们开局的表现十分出彩，但之后就变得精疲力竭，夺冠梦想也随之破灭。不少球员在面对媒体时表示他们对于球队踢得不那么赏心悦目并不太感到担忧，但心直口快的范佩西发表了不同的看法，他向支持者们承诺球队还可以奉上更精彩的表演。他告诉《泰晤士报》的记者，随着淘汰赛的开始，球队在南非的表现将会更进一步。

他说："我希望我们在世界杯上还能展现出更多。在头三场比赛之后，我们明白我们还能以更高的水准踢球。你能看到我们有时会踢出漂亮的足球。我们的动机是正确的。我们想踢的是富有观赏性的攻势足球。"

在罗本顺利回归之后，一场风暴正在酝酿。谁会被排除出首发名单？范佩西的首发地位受到了威胁。他在世界杯前发表的关于他更愿意同谁一起踢球的言论再次被提及，成为了他的困扰。总有人要去坐板凳，又有谁会去责怪一位有主见的教练让一个说话不经过思考的球员自食其果呢？

荷兰国家队前成员鲍德温·岑登（Bolo Zenden）对《泰晤士报》记者

说："这些球员都足够成熟，能够处理好范佩西对于库伊特的错误评论。有 7 名球员是 2004 年欧洲杯上那支荷兰队的成员。马克·范博梅尔（Mark van Bommel）在队内有重要的影响：他不是队长，但他不需要队长袖标也能成为领袖。"

"当阿尔扬·罗本伤愈复出时，贝尔特·范马尔维克就需要从首发中去掉一人，然后我们就能看到会产生怎样的反应。只要结果不错，每个人都能各行其是。但当事情进行得不顺利时，你就能看到这些球员拥有怎样的品质。不过现在，队内的氛围不错。"

队内的气氛确实不错，但是前面有麻烦在等着荷兰人。如果他们能在淘汰赛首轮击败斯洛伐克，就很有可能在四分之一决赛遭遇巴西，不祥的阴霾在他们前进的道路上笼罩。

不过首先，他们得先过斯洛伐克这一关。范佩西明白这个任务绝不轻松。斯洛伐克在小组赛最后一轮 3 ： 2 战胜了意大利，将四届世界杯冠军得主淘汰出局，这样的表现说明他们绝不能被忽视。范佩西在新闻发布会上说："斯洛伐克将是个强劲的对手。他们有着出色的斗志，在对意大利的比赛中他们坚持到了最后，比赛的结果也令他们的祖国感到欣喜。目前一切都好，但是我们还可以在细节上取得进步。"

当球队的首发名单被公布时，范佩西终于可以松一口气了。范德法特被罗本挤出了首发，范佩西依然是球队的正印中锋。只要他还能首发登场，范佩西就不用太担心队友抢走自己的位置。

开场第 5 分钟，库伊特（他的出场顺位在范德法特之前，这一点可能令范佩西不太满意）送出一记传中，范佩西本该完成抢点得分的，但他错误估计了皮球的飞行轨迹，头球没能顶正。第 10 分钟，荷兰有机会取得领先。范佩西接球后巧妙转身，带球吸引了防守球员的注意，然后无私地将球分给了斯内德，但斯内德步点没踩好，射门打得太正。

罗本凭借个人能力为荷兰队先拔头筹，他的射门直奔死角。这是开赛到目前为止最具荷兰人风格的一球。正如范佩西承诺的，他们会踢得更漂亮——在防守端，德容用脚后跟完成了一次解围，破坏了斯洛伐克的进攻。

除了无法得分，范佩西一直在做着正确的事。当接到范博梅尔的传球时，他所能做的只是勉强摆腿射门，但他的射门歪得有些离谱。他曾有好几个得分机会，但这些机会都被错过了。范佩西奔着四场比赛只打入一球的尴尬纪录而去。这些糟糕的射门使范佩西感到强烈的挫折感，而斯洛伐克的左后卫拉多斯拉夫・扎巴夫尼克（Radoslav Zabavnik）在错误的时间出现在了错误的地点，成了范佩西的愤怒的受害者。下半场的一次拼抢中两人纠缠在了一起，扎巴夫尼克吃了亏，他的小腿被重重地踩了一脚。

荷兰人之后锁定了胜局。斯洛伐克的门将扬・穆哈（Jan Mucha）一次无谓的出击，不但没能抢到球，还被库伊特过掉，库伊特随后将球传给斯内德，后者推射得分。罗伯特・维特克（Robert Vittek）安慰性的点球得分对于斯洛伐克而言来得太迟了，但这无疑让人们看到了荷兰后防线上的漏洞。他们还没有踢出经典的荷兰式足球，对于范佩西的评价也是一路走低。作为一名世界杯前已经为荷兰打入过 18 粒进球的前锋，人们对他有着很高的期望，但他在场上做出的贡献还不够。

赛后的采访中，范佩西同记者聊到自己因为难以进球而感到受挫。他实话实说："我没法进球，这让我感到心烦意乱。我想斯洛伐克会在最后 10 分钟冒险进攻，然后我可以利用这个机会，终结这场比赛。我可以看到场上的空当，我想把它们利用起来。所以当我要被换下时，我非常震惊。我在场上尽我所能，渴望得分和送出助攻，但事情就是这么不顺。”

尽管他的球队闯入到四分之一决赛，范佩西的心情显然并不那么愉快。赛后有人指责范佩西对于自己在第 80 分钟被换下感到愤怒，有报道称范佩西告诉范马尔维克被换下的应该是斯内德而不是他。荷兰主帅声明范佩西没有说过这话，他在公开场合力挺这位正遭受各方攻击的射手。

留在场上打入锁定胜局一球的斯内德说：“罗宾向我保证他没有说过这种话，我也没有理由去怀疑他。我和他之间没有矛盾，我也绝不会挑起矛盾。他对于被换下场感到失望，这是可以理解的，没有必要小题大做。对阵巴西前，我们将变得空前的团结。”

不管他们在公开场合怎么说，训练场上球员之间的口角总是难以避免的。范佩西是否有过抱怨？没人清楚。因为国家队总希望将最团结的一面展现出来。范马尔维克不希望冒球员退出国家队的风险（就像 1994 年世界杯上那次不光彩的争吵）。本届世界杯上也有前车之鉴，法国队的前阿森纳前锋尼古拉斯·阿内尔卡（Nicolas Anelka）同主帅雷蒙德·多梅内克（Raymond Domenech）矛盾激化，然后被踢出了国家队，最后法国队集体罢训，一时闹得沸沸扬扬。

荷兰下一战将在纳尔逊·曼德拉海湾球场（Nelson Mandela Bay Stadium）面对国际足坛最炙手可热的球队——巴西。荷兰同巴西之间还有旧账要算。当范佩西还是个少年时，荷兰曾在连续两届世界杯上被桑巴军团淘汰出局。在 1994 年世界杯的四分之一决赛上，荷兰凭借丹尼斯·博格坎普和阿隆·温特（Aron Winter）的进球在 0 ：2 落后的情况下追平了比分，但是布兰科（Branco）轰出一记势如雷霆的任意球破门得分，令荷兰人止步八强。1998 年法国世界杯上两队在半决赛上相遇，这一次场面更加紧张，双方加时赛结束战成 1 ：1 平，只能依靠点球大战决胜负。菲利普·科库和罗纳德·德波（Ronald de Boer）的点球均被巴西门将塔法雷尔（Taffarel）扑出，荷兰再次倒在巴西手下。

本届世界杯的大热门，一个同样以观赏性足球闻名于世的国家，这就是荷兰队将要遇上的对手。任何残存的对于荷兰重现“全攻全守”风格的期望都被掐灭了。范马尔维克在接受采访时表示，足球相较于那个年代又有了新的发展。

他对英国广播公司的记者说：“那是很久以前的事了。全攻全守——如果你现在像那样踢，就会很难赢得世界杯。荷兰的全攻全守足球要追溯到 1974 年。我们可以在 20 或 30 年前这样踢，那就是全攻全守。我还记得巴西的桑巴足球。但是体育运动是在变化发展的，足球也是这样。现在每个球员都变得更健康，球队更强调组织体系，你的足球风格必须符合这一现实。”

所以，或许现代足球变得过于强调严密的组织，那些流畅的富有创造性的风格很难取得成功。范马尔维克的话没法减少人们的期待，范佩西仍有机会证明全攻全守的风格在今天依然能够存在。

比赛一开始就出现了争议。范佩西认为自己本该为荷兰队赢得一个点球——库伊特送出一记漂亮的身后球，范佩西在争抢球权时倒地，看上去巴西中卫胡安（Juan）似乎推了他一把。来自日本的主裁判西村雄一（Yuichi Nishimura）不认为这是个犯规，他示意比赛继续。荷兰继续着他们招牌的开场抢攻，罗本想给范佩西喂球，但对方后卫卡住身位，范佩西没能接应上。

荷兰开局虽然踢得不错，但一无所获，范佩西没有办法将机会转化为进球。而相反，巴西队的曼城前锋罗比尼奥（Robinho）就给范佩西上了一课。菲利佩·梅洛（Felipe Melo）的直塞球找到了罗比尼奥，后者非常干脆地将球打进，帮助巴西一球领先。要想进入半决赛，荷兰人需要经历艰苦的战斗。

他们差点就在短时间内扳平了比分。范佩西给库伊特做球，但库伊特的射门被朱利奥·塞萨尔（Julio Cesar）挡出。当范佩西终于有机会主罚一个30码外的任意球时——斯内德和范德法特此前承包了本届世界杯上荷兰队所有定位球——他告诉了人们为什么到目前为止他只获得过一次主罚机会。他的任意球给塞萨尔带来的威胁还不如他给球门后面看台上的观众带来的威胁要大。范佩西大概在倒数着自己使用“普天同庆”的比赛场次，盼望着回到英超使用他更习惯的耐克足球。

荷兰队为获得球权在挣扎。上半场大部分时间，比赛都被巴西人所统治。范佩西的一举一动都在对手的预料之中，每次他拿球后，用不了多久球就会被抢走。身为中锋的他为了拿球不得不后撤得越来越深。半场之前，荷兰圣诞树阵型的箭头人物大部分时间都驻扎在本方半场参与防守。

巴西或许是场面优势太过于明显，以至于他们不但自己进球，还为荷兰队进球——斯内德传中，塞萨尔出击，但他没能拿到球，足球碰到菲利佩·梅洛的脑袋弹进了自家球门。而到了比赛还剩20分钟结束时，尽管荷兰大部分时间都处于下风，他们还是靠偷袭领先了。罗本开出角球，库伊特在前点一蹭，后点的斯内德在距离球门两码处轻松头球得分。统治着比赛的巴西人似乎难以接受比分被反超的现实，对自摆乌龙很不满意的梅洛在争抢中一脚踩到了罗本的腿上，然后被红牌罚下。范佩西在场上没有做什么值得一提的事，除了又将一脚任意球轰上了看台。

终场哨声响起，荷兰的球员们聚在一起疯狂地庆祝。又一次，他们没有闪耀全场，但他们带走了胜利。巴西的球员在遇上本届世界杯上第一个劲敌时没能控制好自己的情绪，最终也输掉了比赛。尽管一开始人们没有察觉，但范马尔维克无疑在做着正确的事。

此前当荷兰和巴西在世界杯相遇时，两队的胜者总能闯入到最后的决赛。这对于荷兰而言无疑是一项鼓舞人心的纪录。荷兰已被视为本届世界杯夺冠的一大热门，他们半决赛的对手将是乌拉圭队。

在伊丽莎白港（Port Elizabeth）的胜利中，范佩西伤到了胳膊，赛后他被送往医院进行了检查，确保没有潜在的伤病问题。范马尔维克对英国广播公司表示他不确定范佩西的伤情，但荷兰队的医疗人员认为他的伤并不严重。范马尔维克同时否认了荷兰在同乌拉圭的交锋中是更有可能获胜的一方。骄傲自满是荷兰过去多次失败的原因，而现在荷兰的主帅正在竭力确保这届荷兰队不会再犯同样的错误。

赛前他说："我们只想将注意力集中在自己身上，我们不想被那些认为我们是热门的人们所误导或者因为他们而分神。在小组赛阶段，我们永远是被看好的一方，而非弱势的一方。在面对巴西时，情况又调转了过来。我对这种事情感到无所谓。"

比较值得注意的是，他赞扬了荷兰各位球员的表现，唯独落下了范佩西。或许范佩西从来不需要他人来给他灌注自信，但他目前在世界杯上的表现确实也没有特别出色的地方。

范马尔维克说："韦斯利·斯内德在本届比赛上的表现是卓越的，其他队员同样表现不错，但他的发挥是最犀利的。他的身体状况很棒，从第一天开始就在训练中付出百分百的努力。库伊特也是一名特别关键的球员，他能鼓舞队友的斗志，他的激情富有感染力。我很高兴球队里有他的存在。当我们打进四强后，比赛将会变得更加艰难，我们的对手都很顽强。如果我们踢得漂亮还能赢球，那当然好，但胜利就足以让我们心满意足了。”

范佩西的主帅可能没有提到范佩西的努力，但约翰·海廷加对范佩西大加赞赏。他在接受《每日星报》采访时称范佩西是世界上最好的球员之一。他说:“我们的前锋有着出色的技巧。在我看来，我们的四个前锋组成了世界上最可怕的攻击线。范佩西同样也是世界上最好的球员之一。他的左脚的各种技巧，还有他在场上的闪转腾挪，都是非常有效的。他把对方后卫玩得团团转。我想任何后卫面对范佩西、罗本、斯内德以及范德法特时都会遇上大麻烦，后卫很难应付他们的速度、力量和进攻技巧。”

荷兰人已经告诉全世界，他们不会低估乌拉圭的实力，但他们一定明白他们已经非常接近40年来的第一次世界杯决赛。他们在世界杯预选赛中八战全胜，而他们的对手是靠着附加赛才拿到了来南非参赛的资格。

赛前，范马尔维克称乌拉圭是一支善于闯过难关的队伍，他们会战斗到比赛的最后一刻，在开普敦的比赛将是激动人心的。人们总说英格兰是足球的发源地，我们国家①对这项运动无比痴迷。但荷兰人比我们还要痴迷。在这个人口不过1500万的国家，将会有大约1150万人守在电视机前期待球队能进军世界杯决赛。

---

① 作者是英国人。

对于范佩西而言，备战过程中最重要的事莫过于一条来自于温格的短信。在短信中，温格祝福范佩西在接下来的大战中一切顺利。当一个人即将有机会改写自己的人生时，如果他知道别人都在祝福自己，将会给他极大的鼓励。范佩西同自己的历任主帅间的关系向来都比较复杂，但在北伦敦的日子里范佩西已经逐渐成熟，温格看上去也对他喜爱有加，就像一位父亲支持自己心肠不坏但有时会任性的儿子一样。

荷兰队的开场十分顺利。吉奥瓦尼·范布隆克霍斯特打入一记惊天世界波，帮助橙衣军团 1 ∶ 0 领先。他们再一次开场迅速进入状态，而且这一次他们终于得偿所愿，开场取得了进球。曾在阿森纳效力的范布隆克霍斯特此前已宣布世界杯后就将退役，这次命运女神眷顾了他，他 30 码外的远射打在门柱上弹入球门。比赛真正拉开了大幕。

荷兰队或许一直在赢球，但他们很难主导比赛。范马尔维克已经警告了自己的队员，南美球员都是顽强的斗士。比赛中，每当范佩西想带球推进，他都会遇到对方的骚扰和激烈拼抢。乌拉圭能走到半决赛绝非靠运气，他们阻止荷兰队在比赛中起势，同时他们的反击也颇具威胁。迭戈·弗兰（Diego Forlan）为乌拉圭扳平了比分。弗兰 2002 至 2004 年曾在曼联效力，当时他过得很不如意，但他之后在西甲取得了成功。他在距离球门 30 码的位置来了一脚远射碰碰运气，马尔腾·斯特克伦堡（Maarten Stekelenburg）对球的飞行轨迹产生了误判，他胡乱挥动的手臂也无力阻止足球落入球门网窝。

范德法特下半时替补登场，帮助球队中场运转得更顺畅，但范佩西在场上依然毫无存在感。他遭遇的情形同 1998 年世界杯同巴西的半决赛上的丹尼斯·博格坎普类似，天才球员顶在最前面漫无目的地游荡，看上去迷失了方向，游离在球队之外。

比赛在第 70 分钟发生了转折。斯内德禁区内低射打在对方球员脚上发生了折射，处在球运动路线上的范佩西机智地跳起避开了来球，门将始料未及，目送皮球滚入球门。这个有些运气成分的进球使比赛变得有趣起来。距离比赛结束还剩 15 分钟时，荷兰人终结了比赛的悬念。罗本用他的光头完成了一记势大力沉的头球攻门，将球顶入了远角。庆祝进球时罗本还非常喜感地拍了拍自己的脑门。尽管没能做出突出的个人贡献，范佩西距离世界杯的决赛看样子还是越来越近了。

荷兰似乎不必费多大力气就能拿下这场胜利，但往往这时人就容易犯错。比赛第 90 分钟，马克西·佩雷拉（Max Pereira）在禁区外打入一记干脆利落的远射，乌拉圭扳回一球，荷兰球迷的心已经提到了嗓子眼。比赛的最后时刻紧张到令人窒息。不少球队看起来能稳稳拿下比赛，却在最后时刻突然被扭转局面。乌拉圭队的进球显然令范佩西吃了一惊。虽然他只在比赛的最后阶段才参与回防，但他确实在防守中做出了重要的贡献。

比赛临近结束，荷兰防守端遭遇的压力越来越大，范佩西也从前场撤回。他挡出了埃吉迪奥·阿雷瓦洛（Egidio Arévalo）的射门，没过多久裁判就吹响了终场哨。所有人都明白范佩西在南非远没有达到他的最佳状态，但他在锋线的表现足够镇定，带领球队杀入了世界杯决赛。

范马尔维克说他的球队成功的秘诀在于他们不像过去那些天赋异禀的荷兰队那样容易骄傲自满。他说："我们已经证明了在面对出色的对手时我们也能取得胜利。如果你真的相信一件事，那么它就会成真。球员们已经开始相信我们能赢，那么接下来我们要做的就是避免产生自满情绪。球员们也开始明白这点。所以现在，球队有着良好的氛围。比赛前我就告诉球员们，‘不要让机会溜走’。”

荷兰在 2010 年的世界杯上凭借一场惊心动魄的 4 ：2 战胜了威尔士赢得冠军。但不幸的是，那是在 12 月举行的“飞镖世界杯”，而非南非的世界杯。在荷兰与西班牙之间进行的世界杯压轴大戏在开战前几天就被炒得火热，但是正如许多万众瞩目的比赛一样，这场比赛的精彩程度远远低于人们的预期。

任何一场世界杯决赛都是参赛国历史上最重大的比赛之一，但是对于荷兰和西班牙，这场比赛还有额外的特殊意义，因为无论谁夺冠，都将是本国历史上第一次世界杯冠军。两国都享有足球国度的声誉，但也都从未获得过国际足球的最高荣誉。荷兰队承受着巨大的压力——他们在 1974 年和 1978 年两届世界杯上不乏天才球员，但都在决赛中败北。约翰·克鲁伊夫以及他领衔的全攻全守足球在最后一关分别倒在了联邦德国和阿根廷脚下。

享有美丽足球的盛名的国度却只是无冕之王，这项残酷的现实一定曾在球员的脑海中浮现，他们的主帅范马尔维克更是如此。荷兰队以漂亮的攻势足球闻名于世，2010 年这一届荷兰队也延续了传统，他们在六场比赛里打入了十二球——平均每场进两球——帮助他们走到了决赛。舞台已经为范佩西搭好，他有机会成为国家的英雄。他在本届赛事上的表现还不够出色，只有一粒进球，但如果他在决赛上做出影响胜负的重要发挥，他就将成为荷兰民众眼中的传奇。

范佩西在赛前的新闻发布会上表达了对 20 世纪 70 年代参加世界杯决赛的伟大球员们的敬佩。他说：“参加世界杯决赛对我的意义胜过了一切。你从小看着他们的名字长大。当他们在报刊或是电视节目里发表看法时，所有人都得好好听着，因为他们取得过巨大的成就。”

荷兰国家队有着队内闹不和的传统，但在这届赛事上队内的矛盾没有像过去那样被彻底激化。有流言表示范佩西和来自国际米兰（Inter Milan）的斯内德之间有不和。当范佩西还在德奎普球场踢球时，斯内德就在费耶诺德的头号死敌阿贾克斯效力。

荷兰足协强烈希望在赛前消除队内不和的传言，所以球员们都口径一致地向世界宣称他们是最好的朋友。范佩西告诉记者，他们应该来球队下榻的酒店摄像，看看队友们一起打牌、互相开玩笑的场景。他对《每日星报》的记者说：“我相信现在我们在心理上足够坚韧了。让我们给祖国一个终极的理由去庆祝吧。”

度过了决赛前没完没了的枯燥的准备期，球队终于要出动了。荷兰的球员们从入场的通道内走出。范佩西牵着一个小男孩走过摄像机前，他的神色十分专注，透露出对比赛的饥渴感。2010 年世界杯的决赛上，作为荷兰队的 9 号，他被安排在中锋位置上，他的身后就是斯内德，左侧是总能送出精妙传中的库伊特，右侧是曾在切尔西效力的罗本。范佩西家中迭戈・马拉多纳高举大力神杯的海报还挂在墙上，静静地等待着海报的主人实现同样的壮举。

正如许多赛前被过分渲染气氛的比赛一样，这场比赛没能达到人们对它的期望，成为宣传里所说的足球史上最精彩的比赛。荷兰队主帅范马尔维克很明显吸取了 20 世纪 70 年代那支华丽但无法修成正果的荷兰队的教训。为了胜利，他的球队采用了截然不同的比赛方式——以凶狠的动作对付西班牙球员。

范佩西给全队做了示范。开场后不久他就好几次上脚招呼西班牙的球员，比赛进行了 15 分钟他就吃到了黄牌。面对西班牙一轮又一轮的攻势，荷兰队门将斯特克伦堡决定大脚将球开到前场，缓解后防的压力。范佩西没能争到第一点，于是他像狗追机器兔子一样去追球。卡洛斯·普约尔（Carles Puyol）将球控制下来，然后把球分给左后卫霍安·卡普德维拉（Joan Capdevila）。卡普德维拉想要摆脱范佩西，而范佩西抱着要么断下球要么把人放倒的想法果断下脚铲倒了卡普德维拉。这不像是一记动作特别大的铲球，但是正如现代足球比赛常见的那样，西班牙人发出了一声惨叫，这叫声甚至盖过了漫天的呜呜祖拉的声音，传到了场边的麦克风里。英格兰裁判霍华德·韦伯走上前去向范佩西出示了本场比赛的第一张黄牌。

世界杯结束后，韦伯说自己从比赛的第 1 分钟起就在警告范佩西要保持冷静，他向范佩西出示黄牌也是别无选择。他在接受《独立报》采访时说："比赛开始时状况还不错。头几分钟我警告了马克·范博梅尔和罗宾·范佩西。我对他们说：'记住我们在哪儿，我们正在干什么。理智点吧，伙计们。'关键在于获取球员的信任——不做出过激反应，但保证我公平处理了每件事。在两次警告后，比赛的前 16 分钟就出现了两张黄牌。我已经警告过范佩西，所以我别无选择。"

韦伯承认，当一场胜利就能让球员们在祖国的历史上留下自己的名字时，球员们往往很难控制住自己。他说："双方的球员只差一步就能成为永远的偶像。想想我们怎么对待 1966 年世界杯的冠军队伍的吧。两支球队的球衣上都未曾绣上一颗星，现在他们希望能为球衣带来一颗星。从比赛的第 1 分钟范佩西放倒塞尔吉奥·布斯克斯（Sergio Busquets）那下，你就能看出球员们的渴望。"

范佩西的黄牌当然不会是比赛唯一一张黄牌。他的那下铲球给整场比赛定下了基调。全场比赛的黄牌数量达到了匪夷所思的 13 张之多——包括海廷加吃到第二张黄牌被罚出场。这场比赛本该成为世界杯历史上最具观赏性的决赛之一，但最后似乎对于武术爱好者反而有着更大的吸引力。来自曼城的德容应该为自己还能待在场上而感到庆幸。他朝西班牙中场哈维·阿隆索（Xabi Alonso）胸口的蹬踏动作堪比成龙电影里的武打桥段。

下半场卡普德维拉成功报了上半场的“一铲之仇”。双方仍然一球未进，范博梅尔抓住空当将球塞给了右路的范佩西。范佩西灵巧地闪过防守球员，将球向前一捅。正当他将要开始冲刺时，卡普德维拉故意踢到他的脚后跟将他绊倒在地。卡普德维拉也吃到了一张黄牌。

比赛中出现的机会不多，但范佩西仍给罗本创造出了赢下这场比赛的绝佳机会。比赛常规时间将要结束，荷兰队开始采用向前场起高球的战术。尽管这不是范佩西在阿森纳习惯的踢法，他还是很好地适应了这个战术。德容在后场随意开出大脚，范佩西在无人干扰的情况下抢到了这个点，头球向后一蹭，给罗本送出一记妙传。罗本带球直奔球门。卡洛斯·普约尔的速度跟不上罗本，他竭力想拉住罗本的球衣，但被罗本甩在身后，摔倒在地上。出击的西班牙门将伊戈尔·卡西利亚斯抢在罗本之前将球没收。

比赛进入了加时赛，双方的球员都精疲力竭。这时，安德烈斯·伊涅斯塔（Andrés Iniesta）站了出来，他将荷兰球迷的心撕成了碎片。范佩西家中海报上的马拉多纳或许都会因此流泪。伊涅斯塔一击致命，西班牙人欣喜若狂地庆祝这个进球。一个解说这样说道：“今天的荷兰不会有笑容。”球队还在尝试最后一次进攻，范佩西无私地将球顶到门前 6 码的位置，但是没有队友跟上。随即韦伯吹响了终场哨声。

比赛从范佩西的触球开始，以范佩西的触球告终，但是球队的表现不足以赢得冠军。舞台已经摆在那里，等待着他书写不朽的传奇，但范佩西和他的队友们没能把握住这个机会。一位摄影师一定明白范佩西有着主宰比赛的潜能，比赛结束后，他就直奔范佩西——他拍到了疲惫且心绪烦乱的范佩西蹲在中圈里的画面。范佩西还在努力地适应球队失利的现实。

刚刚为祖国赢得历史上第一个世界杯冠军的塞斯克·法布雷加斯跑到俱乐部队友范佩西的身边安慰他。他说："我做的第一件事就是走到罗宾身边。我还不能和朋友们庆祝，我必须先去找他。他曾长时间受伤病的困扰。毫无疑问，如果他的对手不是西班牙，我一定会站在他这一边。"

"尽管我非常高兴，但我还是为他感到难过，因为他也配得上这个冠军。他只是恭喜了我，然后告诉我享受这一刻。他是个好人，一个出色的领袖，但在伤病问题上确实不太走运。我真的希望他能在明年迎来自己的时刻，也许是两年或者四年内，他能赢得一些荣誉。"

两人之间的谈话显示出阿森纳队友之间的团结。但是当法布雷加斯说这话时，许多阿森纳球迷已经做好了接受他离开球队的准备。他可能会回到培养他的巴塞罗那。看起来法布雷加斯的心属于加泰罗尼亚（Catalan）俱乐部，但是最后巴萨 4000 万英镑的报价被拒绝了。范佩西和法布雷加斯——他们明显非常关心彼此——将有机会在俱乐部将他们良好的关系转化为胜利的纽带。或许他们有机会给北伦敦俱乐部空荡荡的奖杯陈列室里带来久违的冠军奖杯。

对于品尝着失败苦果的范佩西而言，有所抱怨并不奇怪。他认为当值主裁霍华德·韦伯有"三个重大错误"最终改写了比赛结局。他质疑道："他都在做什么？他在世界杯决赛的加时赛犯了三个重大错误，相信我，这真的很伤人。即便在海廷加被红牌罚下后我仍觉得我们可以成为世界冠军。在点球大战里我们至少有五成胜算。伊涅斯塔不应该还在场上，因为他踢倒了范博梅尔。韦伯也本应该给卡洛斯·普约尔第二张黄牌，因为他想要放倒阿尔扬·罗本。主裁判对于比赛起到了决定性的作用。”

许多赛后的分析都提出了一个切中要害的疑问——为什么荷兰人在场上精于把握裁判尺度，时而控制动作，时而变得充满侵略性？这当然不是这支球队本该有的踢球方式——在可以踢出世界上最漂亮的足球的他们身上到底发生了什么？

当范马尔维克在2008年执掌教鞭时，他说这支球队需要“学会怎样防守”，但当荷兰队在预选赛势如破竹拿下所有分数时，没有人把他的话当回事。范马尔维克的要点在于，也许当荷兰抛弃他们传统的踢法时，他们会更有希望赢得比赛。

范佩西告诉《星期日邮报》的记者：“我们踢得没有过去的荷兰那么漂亮，人们批评我们的比赛风格。但我的问题是：取得成绩并且闯入决赛，还是踢得漂亮然后第一轮被淘汰——你会选择哪个？”

“就在法国队收拾行李回家前，帕特里克·维埃拉对我说，在世界杯小组赛上，没有必要踢得多好，甚至到第二轮也是一样。只有当球队慢慢捏合成一个整体，你才会达到更高的水准。那会帮助你走到决赛。我们就是这么做的。对巴西的下半场，我们踢得太棒了。”

范佩西指出，在阿森纳的五年中的无冠经历正好印证了他的观点。温格组建了一支以观赏性足球闻名的球队。“我明白踢出美妙的足球却不能获得想要的结果，这种感觉有多么难受，”范佩西说，“我在阿森纳见得太多了。当我们同博尔顿和布莱克本这样的球队踢球时，我们统治了比赛，踢出了攻势足球，但他们却靠着走运的界外球或是角球莫名其妙地得分，然后我们还得在比分上追赶他们。荷兰在世界杯上遭受的批评同我们在阿森纳受到的批评类似。那是一场决赛，你不会在还未奋斗之前就选择放弃，是吧？”

或许阿尔塞纳·温格应该坐下来记下他说的话。在布莱克本和博尔顿的角球问题上，范佩西说的是有道理的。范佩西或许从2010年世界杯上学到了一课，那就是任何事情都需要恰当的时机。有时球队需要与对手在场上搏斗，拼出一场胜利；有时球队则可以踢得挥洒自如，赢下比赛。

只有一技之长的人永远不要想一下子完成很多事。在他的海布里和酋长球场的岁月里，范佩西看到阿森纳踢出漂亮的足球，但仍不免失败的命运。而范马尔维克的荷兰更像是一个混合体——他们有着强健的脊柱以及凶狠的态度，但是因为有几个与众不同的球员的存在，当情况允许时，他们也能踢出风格吸引人的比赛。

当范佩西在世界杯小组赛阶段遇到意大利球星弗郎西斯科·托蒂（Francesco Totti）时，他一开始觉得托蒂是个“极度傲慢”的人。但当他发现托蒂将自己75%的薪水捐赠给慈善机构时，他对托蒂的看法改变了。托蒂对于慈善事业在时间与金钱上的慷慨让范佩西找到了自己与这位谜一般的罗马球员的共同之处。

在布切拉在肯尼亚遇到一个生计窘迫的家庭之后，罗宾和他的妻子就一直在向“救助儿童运动”（SOS Children campaign）捐款。他们一开始答应资助3岁的内利（Nelly），后来他们认为直接向整个家庭提供资助会更加合适——这家一共有10个孩子。

范佩西在接受《镜报》采访时说他很享受这些年来同非洲球员们建立起的特殊纽带，并且他也意识到一些国家的人们在为生活而挣扎。他说："当我还是个年轻球员时，我就一直喜欢和非洲球员交朋友，所以我了解那边的生活。阿森纳的非洲球员有亚历山大·宋、埃曼努尔·埃布埃和科洛·图雷，他们都是我要好的朋友。"

布切拉向一个非洲家庭伸出援手，表达了她的一片真心。她又同法布雷加斯以及托马斯·维尔马伦（Thomas Vermaelen）一起组织了一场慈善活动，推动"救助孩子们的村庄"（SOS Children's Villages）运动的发展。负责筹款的三人于12月初在伦敦著名的克拉里奇酒店（Claridge's hotel）组织了一场耗资不菲的募捐活动。

罗宾对于自己的妻子在慈善事业上的不懈努力感到非常骄傲，他说："我曾参与过其他慈善活动，但他们从早上九点开始，直到夜里一点才结束，投入的时间实在令人惊讶。"

阿森纳的太太团利用她们的名气和关系在这件事上树立起了良好的榜样。球员们的妻子和女友往往被认为是以自我为中心，不食人间烟火。布切拉能打破这种成见是非常棒的。她同英超球星交往不是为了从他身上搜刮好处——她和范佩西是青梅竹马。这段关系使她对自己所拥有的更加怀有感恩之心，从而在慈善事业上更加大方。

阿森纳俱乐部向来都是慈善事业的拥护者，他们每年都有一个指定的慈善机构，俱乐部会努力募集更多慈善资金捐给该家机构。当球队在2010年12月同富勒姆进行比赛时，罗宾和他的阿森纳队友们将一天的工资捐给了"中心点"（Centrepoint）——伦敦最大的针对无家可归的青少年的慈善机构。尽管球员们总是成为小报上的负面新闻的素材，也给自己带来了不好的名声，但是许多顶尖的足球运动员都展现出了他们的慷慨与和善。“英格兰足球运动员慈善会”（Team England Footballers Charity）多年以来见证了不少球员将工资捐献给慈善机构的善举。

由于阿森纳对于慈善事业的力挺，许多与阿森纳有关的知名人士都抓住这个契机开始组织他们自己的慈善活动。索尔·坎贝尔建立了“让孩子们去现场”（Kids Go Livc），这个慈善组织致力于帮助城市中心区的青少年去现场观看知名的体育赛事。身形魁梧的阿森纳前中卫坎贝尔相信让所有孩子——而非仅仅是来自富裕地区的孩子——接触到顶级的体育赛事是非常重要的。蒂埃里·亨利多年来支持着囊肿性纤维化病基金会（Cystic Fibrosis Trust）和联合国儿童基金会（UNICEF）的工作，而大卫·希曼（David Seaman）则热心于推动一项一年一度的有着幽默名字的活动——“可靠的手”（Safe Hands），这是一项旨在为英国癌症研究中心（Cancer Research UK）募捐的慈善高尔夫活动。

不只是布切拉热心于慈善事业，罗宾也支持了英国广播公司的体育救助（Sport Relief）活动。他参与拍摄了活动推广的照片，并且鼓励更多球迷参与进来。没过多久，他又在阿森纳组织的青少年癌症基金会（Teenage Cancer Trust）的活动中现身。

范佩西做慈善绝不是偶尔为之，他参与支持了一系列的慈善活动。这位27岁的球员在为诺尔多夫·罗宾斯慈善基金会（Nordoff Robbins charity）捐款时接受了挑战——画一幅他的自画像。尽管后来他承认自己在孩提时代天赋不够，没法实现父母在艺术上对自己的期许，范佩西对自己为慈善作的自画像还是信心满满。他在慈善事业上的努力足以与他在球场上的努力相提并论。他不但做出了积极的贡献，还进行了富有创造性的思考。他的绘画技巧显然来自于他从父母身上继承的艺术细胞。

笔迹学家艾玛·贝奇（Emma Bache）分析了范佩西的画作，尝试解读范佩西笔下创造的自己的形象。她说："罗宾的画是一幅夸张的漫画。最吸引我注意的是那双巨大的眼睛，这说明他在生活中善于观察，并且真诚待人。画像的脸上有着大大的咧嘴笑，这说明他是个诚实直率的人，没有任何事情要隐瞒。他稀疏的头发展现出速度，同时带有幽默感，显示出他开朗的性格。他的签名以一个角度倾斜，透露出刚性，显示出他的感受和想法不会被他人动摇，同时还有着强硬的价值观。名字的首字母之后的字母变小，这说明他不是一个有很强的自我的人。"

除去对于自尊心的描述，这个解读非常准确地揭示了范佩西的性格。绘画的尝试显然是很有趣的，几年之后，范佩西还说服托马斯·罗西基拿起画笔同他一起进行创作。他们将作品送到柳树基金会（Willow Foundation）的慈善拍卖会上进行拍卖。

这对夫妻以极大的热情支持了一系列慈善活动，他们也谦逊到愿意低下头亲吻每个婴儿的前额。看着他们在这个充斥着自私自利的世界逆潮流而行，这场景实在令人振奋。

南非的惜败之后，范佩西怀着重燃的信心回到了英格兰。虽然他这次没能捧起大力神杯，但正如每个赛季开始前人们常说的那样，他将很有机会同阿森纳一起赢得英超冠军。自 2004 年以来他们还未曾在联赛中夺魁，但是他们的主帅是曾三次带领阿森纳捧起联赛冠军的温格，这是他们最大的筹码。

世界杯上荷兰差一点就能凭借观赏性不那么强的足球风格夺冠，经历了这一切的范佩西发表了新观点，认为阿森纳需要变得更强硬。他们虽然踢得很漂亮，但他们的努力总是因为对手简单粗暴的进球而付诸东流。在强力的对手面前，他们一次次尝到失败的苦果。这样的比赛是没有意义的。

当范佩西回到英格兰备战2010—2011赛季时，他很快放弃了此前关于更强硬的阿森纳的那一套说法，而是将球队同世界上最出色的俱乐部之一——巴塞罗那——进行比较，他在接受俱乐部官网的采访时说："我喜欢我们在阿森纳踢球时的思考方式，我们的球风十分引人瞩目。我知道有两支球队有着相近的风格，那就是我们和巴塞罗那。有的球队在做类似的尝试，但他们还差得很远。"

过去两支球队相遇时，阿森纳的表现还达不到巴塞罗那的水平，但是范佩西的出发点是正确的。当他在荷兰国家队踢球时，他同来自于不同俱乐部、有着不同足球哲学的球员并肩作战。国际比赛就是这样帮助球员进步的。范佩西在国家队同风格各异的球员合作，尽管范佩西不大认同他们的风格，温格也不希望他按那些方式踢球，但未来当范佩西遇到这些风格迥异的对手时，他能做更充分的准备。

他继续说道："我同国家队里来自不同的大球会、有着不同思维方式的队友进行了交流。但我更喜欢我们在场上的思考方式。这就是为什么我相信我们的风格，在遭遇挫折时也不会动摇。我从未停止对阿森纳式的足球的信仰，我热爱这家俱乐部。这是我在这里的第7年。阿森纳给了我机会，让我成为一名优秀的球员。我希望用冠军回报俱乐部，回报球迷，回报所有人。"

用冠军回报球迷——较之以往，这个想法在本赛季明显更有希望成为现实。温格手下这批富有天赋的球员已逐渐成熟，而他们的竞争对手看起来停滞不前。卫冕冠军切尔西和冠军大热门曼联自 2009—2010 赛季以来都没有进行多少重大的引援，而阿森纳的年轻球员们正在成长——而且他们还留住了萌生去意的中场核心法布雷加斯。切尔西的约翰·特里和曼联的韦恩·鲁尼——两人或许是各自俱乐部受到评价最高、最具影响力的球员——对妻子不忠的行为被报纸曝光，两人深陷于风波之中。

赛季开始时，阿森纳队内的团结程度令其他球队艳羡。即便他们有球员的状态受到小报消息的影响，他们仍比对手更容易保持步伐继续前进。因为他们是一支坚实的队伍，球队人人平等，没有谁比谁更重要一说。

蒂埃里·亨利是球迷在官网投票选出的队史最伟大球员。当他在 2007 年离开球队时，温格遭受到球迷愤怒的指责，因为他没能带来另一位大牌球员。温格很清楚他在做什么，他的操作很可能最终使球队长期受益。当一支球队在场上只有一名球员独自具备威胁时，你会想办法掐死这一点。但如果你面对的是一支能够多点开花的球队，防守就会变得格外困难，往往会遭遇按下葫芦又起瓢的情形。

2010 赛季开赛前，阿森纳拒绝了巴塞罗那对法布雷加斯 4000 万英镑的报价。有人认为这确立了法布雷加斯酋长球场主人的地位。范佩西的情绪很可能受到这件事的影响。法布雷加斯比范佩西早 8 个月来到海布里，此后两人的枪手生涯中，法布雷加斯总是显得领先了一步——法布雷加斯比范佩西年轻 4 岁，然而他却是阿森纳的队长，范佩西只是副队长。当然，还有在约翰内斯堡的世界杯决赛上，法布雷加斯助攻伊涅斯塔完成绝杀，击碎了范佩西和荷兰队的世界杯梦想。

温格做出了明智的决定，他安排参加了世界杯的球员先放松一段时间，没有急着让他们参加赛季前的友谊赛。范佩西在阿森纳季前的热身赛中并未出场，但在英超联赛首战，他就替补登场。距离比赛结束还有 15 分钟，阿森纳 0 ∶ 1 落后于利物浦。利物浦的新援乔・科尔（Joe Cole）被罚出场，双方的主教练都抖擞精神开始调兵遣将。利物浦队中的世界杯冠军成员费尔南多・托雷斯（Fernando Torres）（他在南非世界杯上的个人表现甚至比范佩西更加挣扎）与范佩西同时被换上场。

在南非，范佩西很不适应比赛用球“普天同庆”，但回到英超赛场后比赛用球换成了他熟悉的耐克足球，他的队友们都清楚，范佩西将会大展拳脚。范佩西开出的两个角球引发了利物浦禁区内的混乱，球落到沃尔科特脚下，但他的射门偏出。

面对 10 人应战的利物浦，阿森纳全力压上，希望扳平比分。但是利物浦门将佩佩・雷纳发挥神勇，力保球门不失。罗西基、马罗亚内・查马克（Marouane Chamakh）和沃尔科特都险些破门。枪手今天实在不太走运。但是扳平比分的进球在比赛的最后一分钟到来。查马克抢在雷纳之前头球攻门，球砸在立柱上，反弹到雷纳的身上，滚进了球门。

机不可失，时不再来。如果阿森纳想要将他们在球场上获得的尊重转变为冠军奖杯，现在就必须加把劲了。他们需要范佩西这样的球员找回状态，同时也需要沃尔科特和萨米尔・纳斯里（Samir Nasri）这样的年轻球员交出成熟的表现。

第二周，伊恩・霍洛威（Ian Holloway）带领布莱克浦（Blackpool）造访酋长球场。温格认为范佩西的身体还没有到最佳状态，于是将他放在了替补席上。比赛进行到60分钟后，范佩西和法布雷加斯才登场亮相，而此时阿森纳已经五球领先。值得注意的是，球迷们对法布雷加斯的欢迎格外热情，看到他最终没有加盟巴塞罗那，球迷们都如释重负。看到欢呼的人群高举着横幅表达他们对法布雷加斯的爱，范佩西心里肯定很羡慕，但他抛下了心理的包袱，在比赛中全力以赴。

和上周在安菲尔德的客场比赛不同，面对弱小的布莱克浦，阿森纳全场占尽优势，如果不是客队门将马修·吉尔克斯（Matthew Gilks）状态神勇，阿森纳的进球很有可能达到两位数。范佩西同枪手新星威尔希尔进行了精彩的配合，然后为“国王塞斯克”送出一记妙传，但后者没能接到。

比赛中，大腿上缠着厚厚绷带的范佩西被对手侵犯倒地，被迫到场外进行治疗。所有的阿森纳球迷的心里都焦急万分。一分钟后他回到场上，看上去没受到多大影响。之后他的凌空射门稍稍偏出。阿森纳希望能进一步扩大比分优势。同世界杯上一样，范佩西没能进球，但他收获了助攻。比赛临近结束，范佩西开出的角球精准地找到了摩洛哥球星查马克（当然布莱克浦糟糕的盯人防守也有功劳），后者点球点附近的头球越过了吉尔克斯的十指关。补时阶段范佩西又试了一脚射门，但他的打门太正被门将直接没收。

赛后发生了一件令范佩西担忧的事。温格在赛后采访中表示他可能将本场比赛上演帽子戏法的沃尔科特从他习惯的边路转移。这就意味着对范佩西首发位置的竞争，而这是范佩西不想看到的——特别是沃尔科特夏天并没有被卡佩罗征召，参加英格兰队灾难般的世界杯之旅，这就意味着养精蓄锐的他会在场上更加凌厉。接下来对布莱克本的比赛中，范佩西必须向世界展现他的实力，不然他就有可能被温格遗忘。

在埃伍德公园进行的比赛将是范佩西本赛季第一次首发，他将有机会证明自己。比赛开场后的拿球本可以帮助他找到感觉，但布莱克本的球员开始不断攻击他脆弱的脚踝，范佩西感到有些不适。

两分钟后，法布雷加斯控球时遭到围抢，他将球交给了范佩西。范佩西又一次遭遇了激烈的身体对抗，丢了球权。他的速度看上去变慢了。他的身体还没恢复，但他充满创造力的大脑还在运转。如同那些上了年纪身体下滑了但仍能支配比赛的球星一样——我的脑海里出现了 36 岁的达伦・安德顿（Darren Anderton）在英格兰乙级联赛（League Two）代表伯恩茅斯（AFC Bournemouth）出场的场景——范佩西做出稳健的传球，在球场上进行聪明的调度，但他的身体跟不上了。

克里斯托弗・桑巴（Christopher Samba）本可以为布莱克本先拔头筹。在防守角球时，范佩西对桑巴盯防不严，桑巴获得了轻松头球攻门的机会。范佩西根本够不着球，不过他足够走运——身高 7 英尺（2.13 米）的刚果后卫将球顶高了。

比赛进行到第 20 分钟，范佩西终于找到了感觉。他找回节奏，创造出空间，给右路的沃尔科特送出巧妙的直塞，帮助上周完成帽子戏法的比赛英雄为阿森纳打破了僵局。这记精妙的传球控制得分毫不差，21 岁的沃尔科特没有浪费机会。现在他在进球榜上远远领先于范佩西。这个进球的关键还是在于范佩西的妙传。范佩西的队友们纷纷涌向他庆祝，而非沃尔科特。队友们的表现说明了范佩西的贡献有多么重要。

范佩西有些得意。当他准备主罚角球时，来到客场的阿森纳球迷在歌唱着他的名字。但是当比赛接近 30 分钟时，形势忽然急转直下。先是马姆・迪乌夫（Mame Diouf）将比分改写为 1 ：1，然后范佩西再次遭到伤病打击。这一次是他自己的问题。他尝试背身接球，但身后的莱恩・尼尔森（Ryan Nelson）向他施压，他失去了对球的控制，菲尔・琼斯（Phil Jones）即将为布莱克本赢回球权。范佩西有些慌神。当 18 岁的琼斯将球解围时，范佩西抬起左脚，亮出了鞋钉，想要挡下这个球。如果琼斯决定将两人之间的冲撞小题大做，或是裁判克里斯・福伊（Chris Foy）看清楚发生了什么，范佩西都有可能被罚出场。这次争抢球的动作非常恶劣，很有可能导致琼斯断腿，就像两个赛季之前伯明翰的马丁・泰勒（Martin Taylor）导致爱德华多断腿的那个动作一样。

由于琼斯平安无恙，这个动作就没有被追究，但范佩西却受伤了。这种事只应该发生在参加“星期天联赛”（Sunday league）的业余球员身上，而非一位挣着高薪的职业球员。每位球员在比赛中都有自己的缺点，看上去范佩西的问题就在于他的“阴暗面”——他在回追球权时总是扑得过猛，就像他在黄牌满天飞的世界杯决赛上的吃牌动作，以及追溯到 2005 年，他在对南安普敦比赛中领到红牌的动作。

当球员们被像布莱克本这样身强体壮的对手不断侵犯时，温格总是习惯向裁判抱怨。但这一次，责任全在范佩西身上。如果他真的踩到了琼斯的腿上，他在球场上所享有的声誉将会大大受损。

这个动作就像 1991 年足总杯决赛的场景再现，当时保罗・加斯科因（Paul Gascoigne）的粗野犯规导致他自己的十字韧带撕裂。范佩西倒在地上，他的左脚踝需要治疗。他继续坚持了几分钟，但他已无法奔跑，只能无比痛苦地行走。他在场上慢慢地走着，场面甚至有些荒谬，他看上去似乎需要一根手杖。没过几分钟，他又倒在了地上，捂着自己的左脚踝，满脸痛苦的表情。第35分钟，查马克将他替换下场。一瘸一拐地走下球场的范佩西看上去是那么孤独凄凉。

许多球队的球迷都认为他们的主队遭遇了“伤病诅咒”，阿森纳球迷当然也不例外。在安德烈·阿尔沙文（Andrey Arshavin）为枪手打入制胜进球后，球迷们议论的焦点就转移到再次躺在病床上的范佩西身上。枪手球迷在抱怨，范佩西能够健康地为荷兰征战世界杯，但赛季第一次代表阿森纳首发就再次受伤。扫描结果显示他的左脚踝出现了问题（上赛季受伤导致他休战五个月的是他的右脚踝），他将缺阵三周乃至于更长的时间。

温格对于球队新近遭受的伤病打击看上去并不大担忧，他说范佩西只是扭到了脚踝，这种伤18天左右就能恢复。但真正令人担忧的是范佩西身体同一个部位不断遭受伤病侵袭。长期看来，范佩西脚踝不断遭受的冲撞很有可能严重限制他的能力，甚至缩短他的职业生涯。

这次伤病令范佩西格外受挫，荷兰足协也宣布他将缺阵2012年欧洲杯预选赛的头两场比赛。范佩西在过去的六个赛季中为枪手首发出战的比赛还不满100场，但在有限的出场机会中他交出了接近50个联赛进球的成绩单，这样的效率证明他还不应当被放弃。那些关于他在一个不那么强调身体对抗的联赛——比如西甲联赛——会取得更大的成功的说法这一次都无法成立了，因为这次他纯粹是咎由自取。如果他打算跳在空中亮出鞋钉，伤病就将伴随着他。范佩西在场边作壁上观的时间比一开始预测的要长得多，整个9月和10月他都高挂免战牌。

在11月7日，范佩西终于能再次为枪手披挂上阵，球迷们为这个消息而激动。主场同纽卡斯尔的比赛，阿森纳正 0 ：1 落后。纽卡斯尔本场的策略就是用安迪·卡罗尔（Andy Carroll）领衔的锋线冲击阿森纳脆弱的后防，这个策略也成功奏效了。查马克被替换下场，范佩西登场，迎接他的是酋长球场内球迷们热烈的欢迎。然而，这场回归之战的结局并不圆满。状态火热的卡罗尔在上半场轰入一记头球，本月晚些时候他也因为出色的表现被召入了英格兰队。这个进球帮助纽卡斯尔客场取胜。

接下来的几场比赛，范佩西都被列入替补名单，但未能出场。所以，当范佩西被列入 11 月 17 日荷兰对土耳其的友谊赛的大名单时，人们都很惊讶。范佩西与众不同的职业生涯在这里得到了充分的体现。他复出后只不过为他的俱乐部出场了几十分钟，就能顺利得到国家队的召唤。这也等于告诉世人，国家队主帅范马尔维克对范佩西的评价有多么高。

范佩西的俱乐部主帅温格一开始对国家队的召唤感到困惑不解，他说这种事的发生简直是“不真实”的。国际足联的规定使得温格无法阻止范佩西回到国家队。温格在新闻发布会上沮丧地说：“现在的情况有点不真实了，因为他还没怎么为我们出场。一切都按照国际比赛的规定来办。我能为这做什么呢？我无能为力。”

范佩西在下半场替补上场，他为范德法特送出一记精准的直塞球，热刺中场没能将妙传转化为进球。亨特拉尔打入了比赛的唯一进球，荷兰队 1 ：0 取胜。范佩西的脚步仍有些迟缓。他几乎没有参与进球的过程，也基本错过了队友的庆祝。很明显，他的跑动还有问题。

在这场比赛后，范佩西迫切地想平息关于他入选国家队的争议：“我认为这是一个双赢的局面。看到荷兰队的主教练和阿森纳的主教练都愿意接受，我也很高兴。一切都很顺利。我没有因为比赛而烦心，一切都按照计划在进行。我能在荷兰队接受到阿森纳所没有的训练。”

几天的休息之后，范佩西在联赛杯四分之一决赛主场对维冈竞技的比赛中获得了更多的出场时间。阿森纳在圣诞节期间面临着极为紧张的赛程。如果在平时，范佩西不会有太多出场机会，但现在因为赛程密集，他可以有更多的出场时间找回状态。

对于争冠球队而言，联赛杯的地位往往被看得很低。温格过去常在联赛杯中使用大量年轻球员，给予他们一线队的出场机会。阿森纳历史上也只在联赛杯中两次夺冠——分别是在 1987 年和 1993 年。但是，正如鲍勃·迪伦（Bob Dylan）所说的，这是一个变革的时代。

联赛杯此前对阵托特纳姆热刺和纽卡斯尔的比赛中，温格都派出了最强阵容。温格承认他在 2010—2011 赛季比以往任何时候都更加认真对待联赛杯的比赛。他说：“我手下有很多名顶级球员，也有很多年轻球员。我们会派出更有机会赢下比赛的阵容，因为我们想要晋级。作为主教练，一个优势就是你不需要警告你的队员，因为每个人都知道前路有多么艰难。”

多亏了大幅度折扣的门票——成年人的球票才 10 英镑一张，而平时酋长球场最便宜的球票起码都要 35 英镑——接近 6 万名观众涌入球场见证范佩西戴上队长袖标首发出场。也许他没能进球，但阿森纳 10 号在这场胜利中扮演了关键的角色。

这是范佩西 8 月以来第一次代表阿森纳首发出场，但他在场上发挥出了定海神针般的作用。上半场进行到中段，威尔希尔把球传给范佩西，范佩西背对球门，在维冈还没来得及组织起防守时，他用脚后跟将球磕给了卡洛斯·贝拉（Carlos Vela），后者的打门稍稍偏出。维冈的后卫梅诺尔·菲格罗亚（Maynor Figueroa）幸运地逃过一劫，他在防守埋伏在禁区里的范佩西时貌似手球，但裁判没有吹罚点球。阿森纳没能进球，但维冈的安托林·阿尔卡拉斯（Antolin Alcaraz）友好地送上了大礼，将阿森纳的角球顶进了自家大门，帮助主队在半场结束前取得了领先。

范佩西在下半场的表现略微有些沉寂。在一次争抢头球的过程中，他的鼻子被撞了一下，随后他倒在了地上。距离比赛还有 15 分钟结束时，范佩西被换下，全场观众都为他鼓掌喝彩。他还是没有找到进球的感觉，但就一场伤愈复出的比赛而言，范佩西的表现相当出彩。赛后，球迷也在官网上将他们归来的范佩西评选为本场最佳。

看到队内的明星球员顺利回归，温格的喜悦之情也是可以理解的。赛后他说："范佩西每一天都在变得更强壮。他对维冈出场了 70 分钟，我有信心，如果我们能让他摆脱伤病，他将会回到自己的最佳水准。"

范佩西复出后，阿森纳就立刻重返英超积分榜榜首也绝非巧合。12 月 4 日对富勒姆的比赛中，范佩西在比赛开始 60 分钟后替补登场，扭转了比赛局势。当时阿森纳与富勒姆各进一球。上场 12 分钟后，经过一连串灵巧的触球，范佩西将球做给插上的纳斯里，纳斯里晃过对方后卫和门将后打入一球，帮助枪手赢得胜利。凭借这三分，阿森纳在数月以来第一次升至英超榜首。

顺利复出不久之后，范佩西本赛季第一次在欧冠联赛中首发登场。他迅速进入状态，为球队赢得点球并亲自操刀命中，阿森纳 3 ∶ 1 战胜了贝尔格莱德游击队（Partizan Belgrade）。对于枪手而言，要想从充满挑战性的 H 组出线，这场比赛的胜利至关重要。本赛季，阿森纳的欧冠征程没有一些球迷预想的那么轻松。

范佩西没有像他的"时尚"的队友们那样在比赛中戴上 2010 年流行的围脖。他继续出任队长，在场上居于查马克身后。比赛的大部分时间他都在大禁区的角上活动。他就是球队的核心，枪手的前场围绕着他来运转。

塞尔维亚球队在小组中基本就是任人宰割的羔羊，但这场比赛他们坚持了半个小时。范佩西依靠个人能力击垮了他们的防线。亚历山大·宋巧妙地将球挑给范佩西，范佩西在禁区内敏捷地转身，对方的马尔科·约万诺维奇（Marko Jovanovic）无法阻挡范佩西的脚步，只能将他放倒，裁判判罚点球。佩戴上队长袖标的范佩西以身作则，大力将点球轰入球门右上角。阿森纳的队长不久之后差一点梅开二度，但他的任意球被门将弗拉迪米尔·斯托伊科维奇（Vladimir Stojkovic）托出了横梁。尽管本赛季此前只首发了两次，范佩西在本场胜利中依然扮演了不可或缺的角色，这体现出了他的实力。

赛后英国独立电视台（ITV）对比赛进行了分析，范佩西在接受他们的采访时脸上自信满满。当被问及球队是否相信他们能赢得冠军时，他说："我们必须坚信这一点。所有的事情都从信念开始。如果你没有信心，那你最好别踢球了。我们心怀信念。今天我们的压力不小，他们踢得也不错。游击队是一支不错的球队，他们可以控制住球，我们必须做出大量的跑动。"

温格对范佩西的出色表现感到欣喜，尽管范佩西还未能进入百分百的状态。温格说："他能以一个健康的状态归来，这十分重要。在比赛中，他会变得越来越强大。"

这当然是对范佩西的赞美。温格证明了自己将队长袖标交给一个远没有达到最佳状态的球员是正确的。在他打开进球账户随后漂亮地策划了纳斯里的进球之后，阿森纳球迷之中仍有批评范佩西的声音。在网上的球迷论坛里，有人认为范佩西很自私，他应该多为队友创造机会，而非总是想尝试射门。

球迷间爆发了激烈的争论，他们在讨论将范佩西放在查马克身后——查马克未能进球——是不是一个好主意。这些论坛从来都不是理性辩论的温床，但这次他们或许是对的——范佩西的确尽力想表现得出彩，在场上某些选择不够合理。但当你考虑到他才刚复出不久，并且被任命为队长，他热切地想在场上引人注目也就不奇怪了。

已经担任阿森纳主帅 14 年之久的温格明白，如果他选择沉默，目前网上的争端很有可能会加剧。温格迅速终结了对于范佩西与查马克是否能合作的臆测。他在接受俱乐部官网采访时说："查马克和范佩西可以同时上场。我们可以让查马克顶在前面，范佩西在他身后。有趣的是，凭借这两名球员，我们可以摆出各种各样的阵型。"

范佩西用抢眼的表现开始了 2011 年的征程。在圣安德鲁斯球场（St Andrews）3 ∶ 0 战胜伯明翰的比赛中，范佩西打入了他在阿森纳的第 75 粒进球。范佩西在新年的势头很不错。比赛中，他先用开场后的两脚任意球找了找感觉。这两记试射随后收获了回报。球队新年的第一场比赛开场仅仅 13 分钟，范佩西的任意球射门就攻破了本·福斯特（Ben Foster）的十指关。之后纳斯里为球队攻入第二球，对方的罗杰·约翰逊（Roger Johnson）也送上的新年的乌龙大礼。范佩西接受天空体育采访时说自己对于比赛的结果很满意，还表示球队高质量的进攻收获了"漂亮的进球"。有人认为他当晚得分的任意球是靠跳水赢得的，他回应道："双方有身体接触，这也是我失去平衡的原因。在我看来，当我倒地时，这就明显是个任意球。"

温格称阿森纳在这样一场充满肌肉碰撞的比赛中表现得不错，球队看起来镇定自若。他坚称，如果他们相信自己的比赛方式，阿森纳来年一定会取得成功。仍有人在质疑温格手下这支充满天才少年的球队是否有赢得冠军的资本。实际上，范佩西也只赢得过慈善盾杯和足总杯的冠军。他渴望着捧起更多的冠军奖杯，毕竟他距离 30 岁生日也不远了。

考虑到他曾与大量伤病做过抗争，首发 145 次打进 75 球的成绩对于阿森纳而言也不算差。他此前的表现为他未来的发挥打下了坚实的基础。如果在接下来的几年延续良好的发挥，我们或许可以见证他追平丹尼斯・博格坎普的进球纪录，或是追平埃德温・范德萨的出场纪录。如果他终于能在一段时期内免受伤病困扰，他将有希望同时代表俱乐部和国家队赢得荣誉，毕竟他的职业生涯还有很长的一段路要走。他对冠军的饥渴我们都看到了，他的承诺也摆在这里，他的技术举世皆知。唯一缺失的就是一座有分量的奖杯。

第八章　突破性的一步

尽管阿森纳在 2010—2011 赛季的开局表现不错，但当夏天到来时，阿森纳的冠军荒仍在延续。2 月底时他们距离榜首的曼联只有一分之差，可在接下来的赛程中他们表现得跌跌撞撞，赛季结束时位列联赛第四。欧冠联赛中他们再次被巴塞罗那淘汰出局。而在联赛杯的决赛中，他们意外地输给了伯明翰，痛失冠军——要知道几个月后，伯明翰就从英超降级了。

在温布利败给伯明翰的比赛中，范佩西依然上演了神奇的发挥，他在靠近小禁区的位置鬼魅般地侧身打进一记凌空抽射，帮助球队扳平比分。可不幸的是，范佩西进球时膝盖却受了伤，这不仅意味着他告别了这场霉运连连的决赛，更让他在联赛的关键阶段只能当个看客。之后他刚刚伤愈复出，就在客场挑战巴萨的欧冠比赛中因为裁判的严苛判罚吃到第二张黄牌被罚出场，阿森纳也在诺坎普（Nou Camp）1 ： 3 落败惨遭淘汰。范佩西被罚下，只是因为他在裁判吹停比赛之后进行了一次射门。尽管时运不济，荷兰人依然在阿森纳队内的射手榜上高居榜首，联赛出场仅 25 次就打入了 18 粒进球。

而在 2011—2012 赛季中，伤病终于不再困扰范佩西。这个赛季，他代表阿森纳在各项赛事中总共出场 48 次。9 月时他打进了代表阿森纳的第 100 球，到了 10 月他又在 5 场比赛中连入 7 球。他就像一条忠诚的狗，死死地拖着主人的后颈，想把不断向下沉的主人从泥潭里拽出来。2012 年 2 月时他已经超过了博格坎普代表阿森纳打入 120 球的纪录，并且以一己之力带领球队为欧冠资格奋战。

尽管罗宾已经倾尽全力，他的队友的表现却不尽如人意，这个赛季枪手再次颗粒无收，直到赛季的最后时刻他们才保住了下赛季的欧冠席位。

赛季结束时，阿森纳的射手榜（包括所有赛事）如下所示：约西·贝纳永（Yossi Benayoun）6 球、西奥·沃尔科特 11 球、罗宾·范佩西 37 球。现实再清楚不过了——范佩西一个人扛起了球队。各方的呼声包围了温格，阿森纳的球迷非常担心他们的最佳球员会做出更现实的选择，离开球队另谋高就。他为什么不这样做呢？

范佩西在英超联赛中打入 30 球，这使他成为了或许是全世界竞争最激烈的联赛中的最佳射手。PFA（英格兰职业足球运动员协会）和 FWA（英格兰职业足球记者协会）都将荷兰人评为了赛季最佳球员。范佩西的合同还剩一年，根据博斯曼法案（Bosman ruling）的规定，到明年夏天，他就可以自由转会到任何一家俱乐部，对方不需要支付任何转会费。

续约的谈判被推迟到欧洲杯比赛结束之后再进行。范佩西是参加欧洲杯的荷兰队中名义上的几位领袖之一。阿森纳在转会市场上干得不错，在范佩西回归谈判之前，他们就完成了卢卡斯·波多尔斯基（Lukas Podolski）和奥利弗·吉鲁（Olivier Giroud）这两名前锋的转会。他们的到来不仅增强了球队的实力，而且显示了俱乐部在下赛季取得进步的决心。人们不断提到未来阿森纳锋线的三叉戟，温格也谈到了两位新援在场上的无私表现。

荷兰是 2012 年在波兰和乌克兰举行的欧洲杯的夺冠大热门之一。他们在欧洲杯的预选赛中一路势如破竹，10 场比赛赢下了 9 场，轻松杀入正赛。面对即将到来的小组赛，范佩西和他的队友们气势如虹。在对阵德国队的比赛中，范佩西用右脚在距离球门 25 码的位置打入了一记技惊四座的远射，但这已经是这届欧洲杯上橙衣军团为数不多的高光时刻了。在本届比赛上，他们的表现可以称得上是灾难性的。小组赛首轮比赛中，范马尔维克的球队被实力平平的丹麦队爆冷击败，此后他们的状态也始终未能回归。

对阵德国时的精彩进球最后也只是一场 1 ：2 的失利中聊胜于无的慰藉。而小组赛最后一轮同葡萄牙的比赛中，克里斯蒂亚诺 · 罗纳尔多的梅开二度让两年前距离世界杯冠军只有一步之遥的荷兰在小组赛连续吃到三场败仗，惨遭淘汰。这是荷兰第一次在世界大赛中吃到三连败，之后范马尔维克也宣布辞职，承担了球队失利的责任。

虽然在欧洲杯的比赛中范佩西的表现没能达到他的平均水准，但在 2012 年的夏季转会市场上，他依然是炙手可热的存在。其他俱乐部明白阿森纳的董事会正处在巨大的压力下，他们现在还有机会将罗宾在转会市场上套现，不然如果到了 2013 年夏天范佩西利用博斯曼法案自由转会，董事会将会直面阿森纳球迷们的怒火。2001 年时，索尔 · 坎贝尔从阿森纳的同城死敌托特纳姆热刺大胆地转会来到枪手，阿森纳球迷们担心有一天他们队内的明星球员也会做出类似的举动。

对于阿森纳而言，白白流失球队新世纪以来最具价值的球员之一是不可想象的。但是如果 2012 年夏天他们无法完成续约，这种假想就很可能变成现实。全世界每家俱乐部都明白这一点，其中一些俱乐部自然会向阿森纳提出报价。所以，尽管温格坚称球队会不惜一切代价留下枪手的 10 号球员，但像曼城和尤文图斯这样的球队还是会像秃鹫一样在酋长球场上空盘旋，他们已经伸出了利爪。

范佩西则稳如泰山。他可以选择留在阿森纳，也可以选择加入英超或是意甲的卫冕冠军。如果他公开表示希望离开球队，还会有更多球队希望成为他的下家。虽然在一支球队担任绝对的核心是一种不错的体验，但是过去的几年是非常令范佩西沮丧的，因为他在场上的发挥绝对配得上冠军奖杯，可是球队其他位置的短板使他一次次失意。

不管接下来几个赛季里范佩西的球衣上印着哪家俱乐部的队徽，他的巅峰期也不过还有五年左右的时间，之后岁月就将一步步侵蚀这位身高六英尺一英寸（约 1.85 米）的球员的身体。29 岁的年纪，没有多少冠军来体现他过人的天赋——罗宾·范佩西会成为足球史上又一个壮志未酬的天才球员吗?

夏天也有流言称曼联对范佩西有意。曼联的同城死敌刚刚赢得了联赛冠军，正在想方设法招兵买马完成卫冕，曼联当然不甘示弱。红魔的传奇教头弗格森爵士选择了更老派的办法，直接给温格打了个电话。

温格称，发生在这两位英格兰执掌一支球队时间最长的两位主帅之间的一系列对话都是出于他们的职业精神。他们过去曾有针锋相对的时候，但是互相都很尊重对方。电话谈判的结果是范佩西将以 2400 万英镑的身价转会曼联。

阿森纳并不是一家在经济上特别宽裕的俱乐部，如果球队最好的球员自由转会离开，球队高层将会有人夜不能寐。当时机出现时，他们决定将球员套现，于是交易就被批准了。有传言称曼联将会为范佩西支付 25 万英镑的周薪，这比任何阿森纳球员的周薪都要高出一倍，但是真正促使范佩西决定离开的是赢得冠军的机会。

后来温格做了一个怪异的比喻。他将范佩西比作一个将满 40 岁并且无比想要一个孩子的女人。他在新闻发布会上说："她开始思索：'我就快没有时间了！'" 尽管这个比喻有点不伦不类，温格还是说对了一点，那就是范佩西已经决定放手一搏——为了一个冠军，他不得不离开。

曼联队史上不少出色的球员在被弗爵爷带到老特拉福德时，所花的转会费都相当合理。比如彼得·舒梅切尔的转会费是 50 万英镑，埃里克·坎通纳（Eric Cantona）的转会费是 120 万英镑，而特迪·谢林汉姆（Teddy Sheringham）花了俱乐部 350 万英镑将他从托特纳姆带到曼彻斯特。只有 4 名球员加盟曼联时身价超过了范佩西，其中有两人未能取得预想中的成功——对于为胡安·塞巴斯蒂安·贝隆（Juan Sebastian Veron）和迪米塔·贝尔巴托夫（Dimitar Berbatov）掏出的合计 6000 万英镑的转会费，弗爵爷也只能怪自己不走运了。

但是弗格森也曾为过去英格兰最当红的本土球员付出超过 2000 万英镑的转会费——里奥·费迪南德（Rio Ferdinand）和韦恩·鲁尼都是球队的重金引援，如今也都成了曼联的传奇。范佩西会选择追随费迪南德的脚步，还是像阿根廷"巫师"贝隆一样迷失呢？

范佩西的曼联生涯开端并不那么顺利。2011—2012 赛季，曼城在收官战的补时绝杀让冠军从曼联手中溜走，新赛季，曼联希望一鸣惊人。然而范佩西的新东家却在首轮 0 ∶ 1 不敌埃弗顿。范佩西替补登场完成了在曼联的首秀。大卫·莫耶斯（David Moyes）的球队在比赛中占据了上风，配得上这场胜利。很明显，胜利绝非唾手可得。

联赛第二轮，曼联主场对阵富勒姆，达米恩·达夫（Damien Duff）在开场第3分钟的进球让客队在老特拉福德有了一个梦幻开局。记者们舔了舔嘴唇，准备敲出那个C开头的单词——危机（crisis）。范佩西第一次代表曼联首发出场，比赛第10分钟，帕特里斯·埃弗拉（Patrice Evra）左路传中，范佩西一记凌空打门将球送进了球门右侧的网窝。这记精巧的打门充分显示了他作为一名射手的超群技艺——耐心等待球弹地，摆好姿势准备一击致命。许多球员会出脚过早，但球场上真正的狩猎者会保持头脑冷静，等待正确的时机出击。后来他在接受英国广播公司体育频道采访时说自己当时没有想太多，看到球过来就选择了打门。这显示出了一个射手的本能，也是他在球场上境界的体现。

一场3：2的胜利宣告着曼联的新赛季正式起步了，但是这个下午的一个意外为记分牌上的比分蒙上了一层阴影。比赛最后时刻，替补上场的鲁尼挡下了胡戈·罗达莱加（Hugo Rodallega）的射门，但罗达莱加踩到了鲁尼，鲁尼的大腿被划开了一条大口子。这直接导致鲁尼将会缺阵至少一个月的时间。范佩西有机会巩固自己在球队中的首发地位，向他的新队友和球迷们展示他的价值所在。

有什么比在接下来一场比赛中上演帽子戏法更能体现自己的价值的呢？客场对南安普敦的比赛中，曼联再度状态不佳，但范佩西在比赛最后时刻的两粒入球帮助球队在1：2落后的情况下反败为胜。比赛中他还射失了一粒点球，但是当终场哨声响起时，这些都已无关紧要了。对于曼联而言，这是一个值得庆祝的下午，弗格森爵士完成了执教曼联的第1000场比赛，而范佩西也打进了自己在英超联赛的第100粒进球。这场比赛让人想起了范佩西在枪手后期的岁月，他在前场以一己之力苦苦支撑，最终带领队友赢得胜利。他的第一个进球是一记胸部停球后的凌空抽射，动作一气呵成，大巧不工。而他补时阶段的头球绝杀彻底点燃了圣玛丽公园球场的客队看台。

此后的世界杯预选赛中，荷兰例行公事般地 2 ：0 击败土耳其，范佩西再次打入一球，这是他过去四场比赛中的第五球，他的状态无比火热。在安菲尔德挑战利物浦的比赛中，范佩西终场前 10 分钟打入一粒点球，帮助球队 2 ：1 逆转取胜。在南海岸射失点球的场景或许曾在他脑海浮现，但荷兰人顶住了压力，为曼联赢得了意义重大的三分。他已经学会了在背负着人们的期望时挺身而出。

代表曼联出战的前 12 场比赛，他打入 9 球，关于阿森纳的记忆已逐渐与他渐行渐远。可就在他一步步成为老特拉福德的主人时，前任找上门来了。枪手阵中大部分球员都曾是他的队友，这会给阿森纳备战时带来一点便利。

赛前，两支球队的主帅在这个夏天谈判的过程浮出水面。范佩西签约时，温格对弗格森说："他比你想象中还要出色。"心理战是两位主帅的惯常手段了，温格的这句话是不是想在弗格森的心理上产生反作用呢？这已无关紧要。开场时，出征客场的阿森纳球迷对范佩西报以嘘声，但 3 分钟之后，范佩西就以一粒进球做出了回应。他的进球帮助曼联再次取得三分。

第十轮比赛结束，一场失利将北伦敦球队送到了联赛第六的位置，而曼联则在积分榜上以一分的优势高居榜首。赛季还有很长的路要走，但在四分之一个赛季过去后，范佩西这笔转会看起来实在是一步好棋。当赛季开始时，范佩西需要决定自己的球衣号码，而他选择了 20 号，因为曼联正在向他们的第 20 个英格兰顶级联赛冠军发起冲击——而现在，梦想正开始一步步变成现实。

圣诞节到新年这一段赛程是富有挑战性的，有的争冠球队会在此时掉队，而冠军之师将在此时发力，使自己在积分榜上占据一个有利位置。11 月败给诺维奇（Norwich）的比赛后，直到第二年 3 月结束，曼联都在联赛中保持不败。遗憾的是欧冠比赛中，他们被克里斯蒂亚诺·罗纳尔多领衔的皇家马德里淘汰出局。曼联在联赛中一路高歌猛进，头号功臣当然是范佩西，他曾一连在十场联赛中打入十球。

上个赛季曼联的争冠路上，罗伯特·曼奇尼（Roberto Mancini）的曼城在老特拉福德以 6 ：1 的比分轻松地带走了胜利，曼联在主场被彻底打懵了。而本赛季 12 月在伊蒂哈德（Etihad）的比赛中，曼联最后时刻绝杀曼城，3 ：2 客场取胜，算是报了上赛季老特拉福德的一箭之仇。鲁尼上半场的梅开二度令曼联半场取得了两球的领先优势。但距离比赛结束还剩 4 分钟时，萨巴莱塔的进球为主队将比分扳平，看样子这场比赛两队就要握手言和了。可是之后卡洛斯·特维斯（Carlos Tevez）在本方禁区外放倒了拉斐尔（Rafael），范佩西的任意球攻门打在人墙上被折射后直奔死角，乔·哈特鞭长莫及。曼联的球迷陷入了疯狂，曼联也在积分榜上取得了六分的领先优势。

曼奇尼在比赛后大发雷霆，他称这场失利对于曼城而言是“不公平的”。来年 4 月在老特拉福德的比赛中，曼城 2 ：1 带走了胜利，这次曼奇尼笑逐颜开了。塞尔吉奥·阿圭罗（Sergio Agüero）依靠速度摆脱防守球员，用一记大力攻门完成了绝杀，给了蓝月亮继续吹嘘的资本。但是这也无力改变赛季最终的结局。本场失利之后，曼联在联赛仅剩 7 轮的情况下依然领先曼城 12 分，夺冠只是时间问题。

范佩西也曾遭遇十场比赛仅入一球的进球荒，但曼联依然在榜首稳如泰山。回到他在阿森纳的岁月，这种情况简直是不可想象的，可是在老特拉福德，锋线还有很多帮手。哈维尔·埃尔南德斯（Javier Hernandez）在联赛中攻入 10 球，韦恩·鲁尼也打进 12 球。即便是最出色的射手也会有遭遇进球荒的可能，所以单单围绕一个主要的得分手来建队是不合理的。

客场对斯托克城的比赛中，范佩西终于有机会终结长达两个月的进球荒。那个寒冷的下午，他命中一记点球，长舒了一口气。迈克尔·卡里克（Michael Carrick）的进球帮助客队 1 ∶ 0 领先，下半场，安迪·威尔金森（Andy Wilkinson）在禁区内鲁莽地绊倒了范佩西，给了曼联点球的机会。站在点球点，面对着阿斯米尔·贝戈维奇（Asmir Begovi），狂热的主队球迷刺耳的口哨声和嘲笑声扑面而来。范佩西从容不迫地将点球打入死角，然后飞奔向曼联的替补席，同弗格森来了个激情的拥抱。苏格兰人之后赞扬了他的镇定，并且打趣道："他都忘了我已经 71 岁了——他差点杀了我！"

赛后英国广播公司体育频道得到消息称，范佩西的情感宣泄纯粹是因为比赛的结果，他对于自己的进球荒并不太感到困扰。球员可能不得不这样说，但打破进球荒肯定令他如释重负。

上赛季联赛的冠军争夺直到最后一刻才见分晓，而这个赛季事情就变得简单了很多。客场 2 ∶ 2 与西汉姆联战平后，曼联距离联赛冠军只有一步之遥。他们的同城死敌接下来一场面对的是热刺——热刺在积分榜上紧追排名第四的切尔西，为了欧冠席位，他们将全力争胜。安德烈·维拉斯－博阿斯（Andre Villas-Boas）的球队全力以赴，3 ∶ 1 逆转取胜。赛后，曼奇尼不情愿地承认曼联配得上本赛季的联赛冠军。

剧本已经写好：主场拿下在降级圈附近挣扎的阿斯顿维拉，曼联就将提前锁定他们的第 20 个英格兰顶级联赛冠军。比赛之前，弗格森就说范佩西能嗅到终点线在哪里——他的时刻终于到来了。保罗·兰伯特（Paul Lambert）的球队在积分榜上的位置非常不理想，曼联也需要提防维拉这头受伤的野兽的反扑：这家俱乐部有着光辉的过去，30年前他们曾获得欧冠冠军，而现在他们在为保级挣扎。老特拉福德座无虚席，球迷们都等着见证曼联创造历史的那一刻。

在如此具有里程碑意义的一天，29岁的范佩西需要用进球来确保没人能偷走这份属于他的光荣。比赛开始不过83秒，威尔士老将瑞恩·吉格斯（Ryan Giggs）接拉斐尔的传中球后将球横敲至门前，范佩西距离球门两码处抢点得分。吉格斯的做球恰到好处，范佩西面对空门将球轻松打进，曼联已经将一只手放在了冠军奖杯上。

年轻的维拉自1月以来还没有在比赛中零封对手，他们的防线如同红海一般裂开，漏洞百出。此前的比赛中他们还曾以0：8的悬殊比分败给切尔西。曼联主场的球迷们翘首以待，希望球队能一鼓作气拿下比赛。

他们没有打出一些球迷期望的大比分，但现场的每个人都见证了一脚他们永生难忘的射门。进球后接下来10分钟内，曼联稳住阵型应对维拉的反扑，将维拉进攻的压力逐渐化解，然后重新控制了球权，准备发动反击。温格曾说，范佩西伤病减少、进球增加的原因是他逐渐成熟，他学会了在球队丢失球权时减少回撤，而不是在前场伺机而动。这一点在曼联的这次反击中体现得淋漓尽致。

鲁尼得球，大步带球到了中线附近。他抬起头，看到范佩西机敏的跑位，于是用右脚兜出一记贝克汉姆式的长传。传球就像精确制导一样找到了高速冲刺的范佩西。来球从范佩西右肩的方向向下坠，范佩西不做任何停球动作，直接在禁区前沿左脚凌空打门。足球就像炮弹一样直入网窝，维拉的门将布拉德·古赞（Brad Guzan）一脸的茫然，解说们搜肠刮肚，想找到合适的词汇形容这记惊世绝伦的射门。

大卫·贝克汉姆、奥勒·居纳尔·索尔斯克亚（Ole Gunnar Solskjaer），还有埃里克·坎通纳等人都曾身披红魔的战袍完成过令人瞠目结舌的表演，但弗格森爵士将范佩西的这一球称为“本世纪最佳进球”。这一球绝不比 7 年前范佩西代表阿森纳在对查尔顿的比赛中打入的那记世界波差，而且这一球还有更深远的意义，因为它几乎为曼联锁定了创造纪录的第 20 冠。

任务完成了，现在是时候退在后面放松一下了，不是吗？然而范佩西不这么认为。他再接再厉，30 分钟就完成了帽子戏法，提前宣告比赛结束。他在小禁区内冷静地将球打进左上角，击垮了维拉的斗志。范佩西完成了一场生涯代表作，而冠军属于曼联。

他在正确的时间加盟了正确的球队，终结了自己长时间的冠军荒。赢得英格兰足总杯是他足球生涯里一个美妙的时刻，但举起英超冠军奖杯，就意味着你的球队在整个赛季里都维持着出色的发挥：一支冠军球队永远是一支特别的球队。他绕场奔跑一周庆祝着胜利，他完成了球衣背后的号码的承诺：20 号带来了 20 冠。

曼联提前四轮获得了冠军，这就意味着下一轮曼联将以冠军身份造访北伦敦挑战阿森纳。枪手们在酋长球场列队欢迎本赛季的冠军入场。温格号召球迷向曼联表示尊重，但范佩西在赛前的新闻发布会上说他准备好迎接枪手球迷充满敌意的“欢迎”。当范佩西和他的队友们走上球场时，观众席上传来了嘘声，但同样也有大量掌声。比赛中，范佩西用一粒点球破门提醒了阿森纳的老板们他们失去了什么。凭借这粒进球，曼联客场 1 ：1 战平阿森纳，阻挡了阿森纳冲击联赛第二的脚步。他没有选择庆祝，但他一定在心里微笑，因为他的进球让那些将他视为“逃兵”并向他恶语相加的人们鸦雀无声。

这场比赛并没有太多能让人记住的地方，反而是比赛开始前的一个小插曲令人印象深刻。这座球场对于范佩西而言，实在太过熟悉了。赛前，他微笑着同自己过去的同事打招呼，结果差点走进了主队的更衣室。经过提醒他才回过神来，拍了拍自己的脑门，走向了客队更衣室，脸上还带着尴尬的笑容。

赛季最后一场主场比赛后，曼联将会捧起英超冠军奖杯。就在那一周之前，弗格森爵士宣布本赛季结束后自己将会退休。2002 年时他就曾萌生退意，但最终坚持了下来。而现在，71 岁高龄的老爵爷认为是时候了。算上他在苏格兰的圣米伦队（St Mirren）和阿伯丁队（Aberdeen）的短暂执教经历，作为主帅，他一共赢得了 49 个冠军——多么不可思议的数字。对于曾在如同导师一般值得信赖的温格手下效力多年的范佩西而言，新的挑战到来了。

大卫·莫耶斯被任命为弗爵爷的继任者，本赛季首轮比赛，他率领埃弗顿让曼联吃到了败仗。范佩西需要用表现打动新上任的主帅，接下来的夏天注定将面临许多挑战。

那个下午，2 ：1 战胜斯旺西（Swansea）的比赛可以说是次要的，因为弗格森爵士和保罗·斯科尔斯都将在梦剧场完成谢幕。在收获奖牌后，范佩西打趣说英超奖杯比他想象中要重了很多。但在自己红魔生涯的首个赛季打进 26 粒联赛进球后，范佩西为自己赢得了将冠军奖杯高高举起的权利。

范佩西同样有机会用冠军好好地羞辱一下阿森纳死忠皮尔斯·摩根（Piers Morgan）。这位前《世界新闻报》的主编在范佩西转会后将他称为叛徒，还曾攻击范佩西，给范佩西取了个“范钱包”（van Pursestrings）的外号，暗示他在去往老特拉福德后周薪大涨。范佩西将一份装着他亲吻英超奖杯的照片的包裹寄到皮尔斯位于贝弗利山（Beverly Hills）的家中，照片上还有范佩西亲笔写的话。这位访谈秀主持人也做出了回应，宣称自己将会把这张照片摆放在家中的厕所里。

在收官战中，曼联与西布朗打出了 5 ： 5 的夸张比分，范佩西用一个进球给这个赛季画上了句号。在一个将自己的职业生涯推上新的高度的赛季之后，范佩西可以好好躺下来，享受夏天的休闲时光了。

加雷斯・贝尔（Gareth Bale）赛季结束时获得了英格兰职业足球运动员协会颁发的赛季最佳球员奖项，但他所在的热刺仅仅排名联赛第五，他所在的威尔士队晋级 2014 年巴西世界杯决赛圈的希望也极为渺茫。而范佩西所在的荷兰队高居小组首位，在还剩四场比赛的情况下领先 7 分，基本高枕无忧。如果自己的球队名次能和范佩西的球队的名次掉个个儿，贝尔估计会倾其所有吧。

范佩西在世界杯预选赛对阵爱沙尼亚和罗马尼亚的两场比赛中打入三球。看到范佩西带领俱乐部和国家队高歌猛进的表现后，荷兰队主帅路易斯・范加尔（Louis van Gaal）决定任命范佩西为国家队队长。对于一个曾经在监狱等待候审的球员而言，能佩戴上国家队的队长袖标不但意味着他球员生涯的大反转，也是他人生的一大步。

步入而立之年的范佩西是全世界最值得仰慕的射手，也是年轻球员钦佩的对象。俱乐部的元老级人物都在考虑退役的问题，老特拉福德即将迎来新的时代。斯科尔斯宣布退役后，最早的那一批“弗格森的孩子们”只剩下了吉格斯一人。如今花白的头发已经爬上了吉格斯精心打理的鬓角，而像威尔弗雷德·扎哈（Wilfried Zaha）这样的20岁左右的年轻球员都得向吉格斯好好取经。

赢得欧冠冠军和作为队长带领荷兰队赢得冠军是短期内范佩西最渴望实现的目标，而他的领导能力的成长将在他职业生涯未来的大方向上起到至关重要的作用。雷内·穆伦斯丁（René Meulensteen）——弗格森退休前球队的助理教练——曾在接受采访时称他感到范佩西身体里藏着一颗教练的心。他在阿森纳时就很卖力地参加团队建设工作——据说他曾租来一台卡拉OK机器，并且鼓励球员们唱流行歌曲。年轻球员们都愿意和他走在一起。

未来由于伤病而不得不休息的日子里，着手考取教练证书将是对空闲时间很好的利用。吉格斯在还未退役时就已经获得了教练证书，大卫·莫耶斯执掌球队后他就立即被任命为球员兼教练，他取得的成就非常值得借鉴。

在任何职业里，学会驾驭人的技巧都是非常重要的一步。当他的身体不再允许他在球场上冲锋陷阵领导球队时，范佩西必须做好准备，在教练席上担负起领袖的职责。